J'aide mon ado à se prendre en main

Dans la collection Eyrolles Pratique

- *Examens : en forme le jour J*, Jean-Marc Bayle
- *Musique : quel instrument pour votre enfant ?*, Atarah Ben-Tovim et Douglas Boyd
- *J'aide mon enfant à s'organiser*, Stéphanie Bujon et Laurence Einfalt
- *Ecole : aidez vos enfants à réussir*, Marie-Joseph Chalvin
- *J'aide mon enfant à mieux apprendre*, Bruno Hourst et Jilème
- *J'aide mon enfant à bien vivre l'autorité*, Bruno Hourst et Jilème
- *J'aide mon ado à grandir*, Françoise Rougeul
- *J'aide mon enfant à surmonter son stress*, Sylvie Sarzaud
- *Les troubles du comportement alimentaire*, Laëtitia Sirolli

Emmanuelle Guilhamon-Juglar

J'aide mon ado à se prendre en main

La méthode Temp'O Jeunes®

EYROLLES

Éditions Eyrolles
61, Bd Saint-Germain
75240 Paris Cedex 05
www.editions-eyrolles.com

Mise en pages : Istria

ISBN : 978-2-212-55376-5

À Charles, Paul, Alice, Louis et Pierre
À mes enfants

Et aux vôtres

Remerciements

À tous ceux qui ont participé à Temp'O Jeunes.

- À Véronique Perozzo et Muriel Collin avec qui tout a commencé.
- À Anne-Catherine Le Vernoy et Marie-Hélène Maruenda pour leur aide précieuse durant plusieurs années.
- Aux professionnels de la santé et de l'éducation qui nous soutiennent.
- Aux praticiens du réseau TOJ.
- À Olivier, mon mari.

Et surtout à tous les jeunes et parents qui nous font confiance.

Sommaire

Introduction

Pourquoi ce nom de Temp'O Jeunes ?

Deux lectures sont possibles :

Soit « Temps aux jeunes » : il s'agit alors d'un **moment consacré** aux collégiens et lycéens, pendant lequel l'attention qui leur est portée est absolue.

Soit « Temp'O Jeunes » : c'est alors une invitation à ralentir le « tempo » d'une journée commencée il y a huit ou neuf heures avant d'en reprendre le cours jusqu'au coucher ; Temp'O Jeunes est une **parenthèse nécessaire** à une fin de journée enthousiaste et efficace.

Une méthode pluridisciplinaire

Temp'O Jeunes est une méthode pluridisciplinaire pour favoriser la réussite du jeune *et* du parent.

Comment cette méthode est-elle née ?

Cette méthode d'accompagnement éducatif est le fruit d'une mise en commun de différents cheminements et réflexions. Elle a été élaborée en liaison avec des professionnels de la santé et de l'éducation, psychologues, orthopédagogues, médecins micro-nutritionnistes.

C'est également à partir de connaissances déjà livrées par les chercheurs sur le fonctionnement du cerveau comme Jean Piaget, puis Jean-Pierre

Changeux, auteur de *L'Homme neuronal*, qui ont fait progresser la connaissance des mécanismes du cerveau et de ses modes d'acquisition que nous avons construit cette méthode.

L'originalité de la méthode TOJ est d'avoir ainsi structuré une démarche qui intègre plusieurs approches en les articulant les unes aux autres. Sans prétendre à l'exhaustivité, nous avons exploré et exploité l'analyse transactionnelle, la PNL, les travaux sur l'effet Pygmalion, les intelligences multiples de Gardner, la « communication non violente », sans oublier la pédagogie des gestes mentaux et les profils d'apprentissage.

À quoi sert-elle ?

Les objectifs de TOJ sont au nombre de quatre :

- Accompagner chaque jeune vers une meilleure confiance en lui et davantage d'autonomie.
- Aider chaque jeune à trouver ses valeurs et définir son projet de vie.
- Permettre à chaque parent de mieux intervenir auprès de son enfant en conciliant son désir de réussite éducative et sa vie professionnelle ou personnelle.
- Faciliter la solitude des jeunes.

L'accompagner vers une meilleure confiance en lui et davantage d'autonomie

C'est en lui permettant de profiter et faire profiter les autres de ses talents qu'on peut accompagner chaque jeune vers une plus grande confiance.

En effet, quand on est confiant, quand on s'estime, on relativise ses peurs et on avance avec optimisme.

Qui n'a pas rencontré un jeune bloqué, replié sur lui-même après la critique d'un professeur, la réflexion désagréable d'un parent, la moquerie d'un copain... C'est alors que le cercle vicieux s'enclenche : la confiance en soi décroît, les résultats scolaires baissent... Pour éviter ce mécanisme, il faut s'aimer. Connaître ses forces et ses limites est le préalable à l'amour de soi.

L'aider à trouver ses valeurs et définir un projet de vie...

On y parvient en lui permettant de déterminer ce qu'il veut vraiment pour lui dans l'avenir.

En imaginant sa vie future, le jeune liste des objectifs dont la réalisation lui permet de vivre en accord avec ses valeurs. Il s'agit alors de sa vie, de ses buts : il est donc motivé.

Combien d'entre eux vont en cours sans savoir pourquoi ? Ils n'ont jamais pris le temps de penser à leur vie future possible. Un jeune ira plus volontiers en classe si les cours deviennent un moyen d'atteindre son projet personnel. À ce moment-là, les études et la vie scolaire gagnent en intérêt.

Bénéficier d'une aide efficace

Le but est de permettre à chaque parent, professeur ou adulte accompagnateur d'apporter au jeune une aide efficace en conciliant son désir de réussite éducative et sa vie professionnelle ou personnelle.

Il s'agit d'identifier comment mieux intervenir auprès de chacun d'eux en tenant compte du temps dont il dispose et de leur transmettre contacts et références qui répondent aux besoins de leur jeune : orientateurs, psychologues, centres de tests sont au cœur de notre réseau de compétences variées.

Faciliter la solitude des jeunes en attendant le retour du ou des parents

Avec la méthode TOJ, le jeune prend soin de lui-même.

Les journées de classe sont longues. Nos collégiens ont en moyenne vingt-sept heures de cours et nos lycéens, suivant les sections, de trente heures à quarante heures. La journée commence donc pour les plus chanceux vers 7 heures. Quand arrive enfin le retour à la maison, le jeune doit encore travailler durant une période d'une à deux heures.

Enthousiasme et efficacité : les deux clés

Comment y parvenir avec le plus d'enthousiasme et d'efficacité possible ?

L'accompagnement éducatif TOJ offre au jeune une relecture de sa journée, la clarification de son état actuel, et la projection de ce qu'il envisage dans un avenir plus ou moins proche. « Il va se donner les moyens de relire et de discerner pour donner du sens à ce qu'il fait et tisser des liens entre tous les éléments d'information et d'évaluation dispensés sous forme de remarques, d'évaluations et de commentaires », précise Christian Philibert de l'Observatoire national de pédagogie.

En accomplissant cette relecture de la journée, le jeune va répondre au principe de rétrogradation de MacLean détaillé ci-dessous.

Selon le neurobiologiste, nous avons trois cerveaux en un :

- le cerveau reptilien ;
- le cerveau limbique ;
- le cortex.

Le cerveau reptilien

Il est situé au centre du cerveau ; il commande les besoins de base et les réflexes de défense. C'est grâce à lui que nous mangeons quand nous avons faim, que nous nous couvrons quand nous avons froid, que nous fuyons quand nous avons peur...

Il est donc important d'apprendre à l'écouter afin de satisfaire ses besoins puisque dans le cas contraire il sera un frein.

> Si, à 11 heures du matin, notre cerveau a besoin d'énergie parce que nous avons oublié notre petit déjeuner, nous serons déconcentrés en cours. En effet, réfléchir demande de l'énergie.

Le cerveau limbique

Il gère les émotions et filtre les informations que nous percevons. C'est le centre de création des souvenirs bons et mauvais. C'est lui qui nous permet de ressentir joie, excitation, jalousie, tristesse, injustice, etc.

Il est donc important d'apprendre à l'écouter afin de satisfaire ses besoins puisque dans le cas contraire il peut être un blocage à tout apprentissage.

Si, la dernière fois que j'ai été interrogé, le professeur m'a fait une remarque et que je me suis senti honteux, j'aurai davantage de difficultés à répondre lors d'une prochaine interrogation dans les mêmes conditions.

Le cortex

C'est la fine couche de matière grise qui enveloppe les deux zones précédentes. Il est le siège de notre réflexion ; il agit plus puissamment qu'un ordinateur et de ses erreurs il tire les conséquences, ce qui permet une progression permanente.

Cependant en situation de stress et de forte charge émotive, les comportements impulsifs apparaissent et on note la suspension partielle des capacités d'analyse et de réflexion. Les sentiments de peur, de colère ou le désir amoureux nous troublent l'esprit. L'ennui, la fatigue nous font aussi adopter des comportements non réfléchis. Le cortex ne fonctionne à plein régime que si les deux cerveaux, reptilien et limbique, sont au repos.

Avec cette compréhension du phénomène de rétrogradation, nous pouvons en réduire les effets négatifs.

La pratique de **la relecture de la journée** permet de satisfaire les trois cerveaux :

- en décompressant ;
- en faisant le point ;
- en prenant les dispositions qui nous permettent d'accomplir avec motivation la tâche suivante (par exemple le travail scolaire).

Pour faciliter cette pratique, la méthode s'appuie sur la **« mnémotechnique de la main® »**. Chaque doigt correspond à une étape précise avec une série **d'exercices, d'outils, de conseils** axés sur le développement de la confiance en soi, de la motivation et de l'autonomie.

Les trois piliers de la réussite

La confiance en soi, le sentiment de sécurité à l'égard de soi-même.

La motivation, la force motrice qui nous permet d'avancer grâce à l'énergie qui nous anime (valeurs).

L'autonomie, le fait de faire face seul à ses engagements, d'assumer ses choix, de prendre sa vie en main.

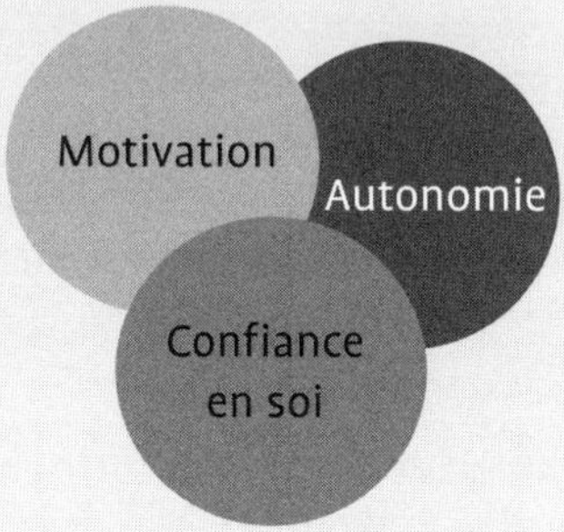

Ce qu'il ne faut pas attendre de cette méthode

L'accompagnement éducatif n'a rien à voir avec le niveau des élèves ou avec le bien-être de chacun, il participe au développement et à l'épanouissement de toute personne.

Ce n'est pas un accompagnement psychothérapeutique

Issue des travaux de spécialistes de l'enfance, de la santé, de l'éducation, la méthode TOJ n'est pas un accompagnement psychothérapeutique.

L'accompagnement éducatif TOJ est un accompagnement du quotidien, il ne s'intéresse pas au passé ; il est limité dans le temps (cinq semaines ou quatorze semaines).

Les exercices ou outils utilisés ne sont pas au choix de l'accompagnateur qui dans le cadre de TOJ utilise uniquement la mnémotechnique de la main® et la photographie du jeune®.

Ce n'est pas du soutien scolaire

Même si on peut attendre des effets immédiats sur l'autonomie du jeune, la manière de prendre en main son travail personnel et une augmentation de ses performances scolaires, l'accompagnement TOJ ne propose pas une remise à niveau dans telle ou telle matière en particulier.

Si le jeune doit faire face à des lacunes identifiées pour cause d'absence, il peut organiser un rattrapage avec un professeur particulier ou une structure adéquate.

Prérequis pour les parents

Les parents désireux d'accompagner leur jeune grâce à cette méthode peuvent le faire en adoptant un certain état d'esprit.

Des prérequis : une qualité de relation avec le jeune, confiance, respect... et des qualités de bienveillance, d'ouverture... En prenant en compte le temps dont nous disposons. Nous voulons à la fois concilier notre désir de réussite éducative et d'épanouissement personnel. Nous voulons faire face à de nombreuses obligations, dont celle de permettre à nos enfants d'être heureux.

Comment conserver et renforcer un bon dialogue en famille, aider chacun de nos enfants à se prendre en main, les guider dans leurs choix, les accompagner dans leurs apprentissages ?

Il s'agit pour nous, parents, de considérer notre enfant comme un être unique : identifier ses qualités, accepter les ressorts de sa motivation, admettre sa manière de fonctionner pour apprendre.

Pour optimiser la réussite personnelle de nos enfants, nous allons d'abord le soutenir ; comme nous le rappelle Dolto, spécialement à l'adolescence, « le jeune, à l'image du homard, change de carapace et reste sans défense le temps d'en suinter une nouvelle ». Nous allons donc le sécuriser en lui donnant des repères et en lui disant notre amour. Puis nous allons lui faire confiance. Non seulement nous allons croire TOUJOURS en ses capacités mais nous allons aussi lui accorder inconditionnellement qu'il a toujours une bonne raison à ses réactions ou à ses paroles.

C'est alors seulement que nous pourrons lui proposer les différents outils de la mnémotechnique de la main®.

Comment utiliser cet ouvrage ?

Pour chaque étape de la mnémotechnique de la main®, vous trouverez dans ce livre, pour chaque doigt, **les principes** puis **la méthode** pour les mettre en pratique, composée d'exercices à faire une fois, parfois, ou au quotidien. Enfin, **les bénéfices** apportés par ces mises en œuvre.

Les exercices à faire une fois permettent au jeune une meilleure connaissance de lui-même. Ceux à faire parfois prennent en compte le fait que notre jeune est dans la période de l'adolescence et que des ajustements réguliers sont nécessaires pour qu'il reste au meilleur de sa forme tant sur le plan physique que mental ; les exercices à faire quotidiennement sont ceux qui permettent au jeune de décompresser, de faire le point avant de se remettre, motivé, à son travail.

Plus on pratique la mnémotechnique de la main®, plus les cinq doigts se déroulent naturellement et rapidement.

La photographie du jeune®

Défini à partir des travaux d'Antoine de La Garanderie, des types de Jung, des intelligences multiples de Gardner et des profils d'apprentissage de J.-F. Michel.

Cette photographie du jeune® est un questionnaire qui permet un instantané de la manière habituelle dont il apprend, communique, produit (reproduit quelque chose ou applique une technique).

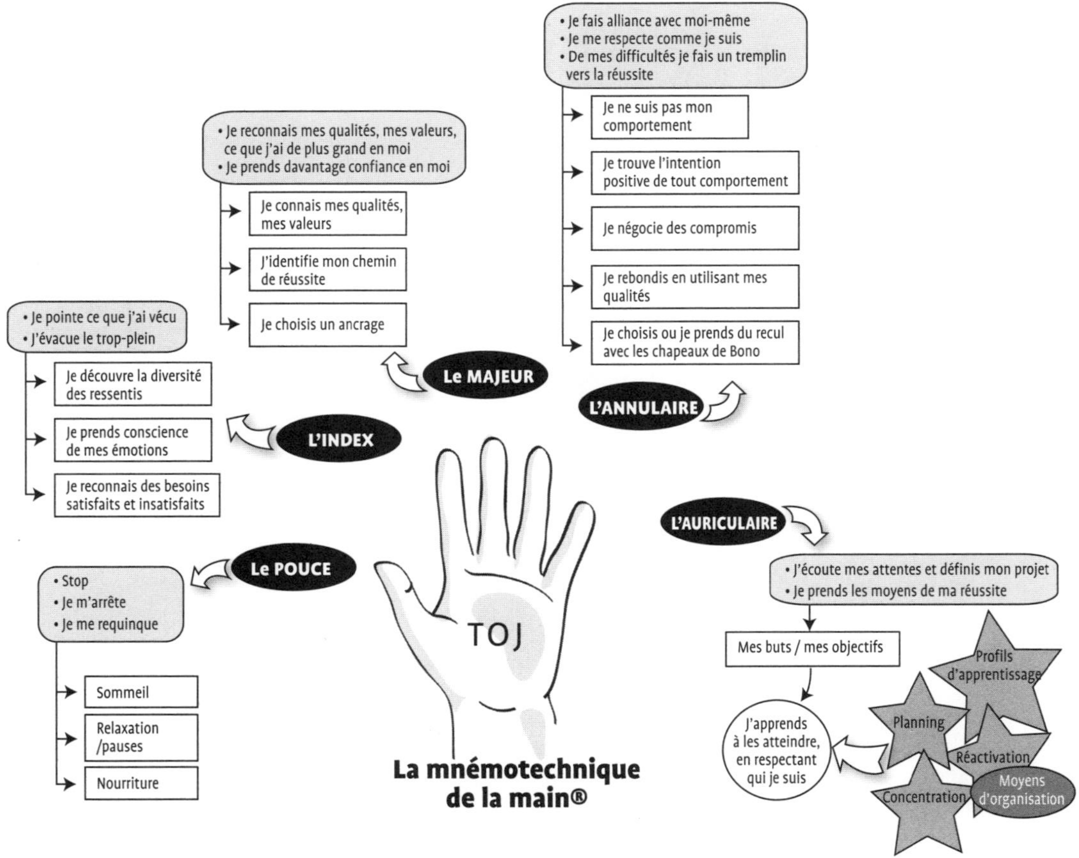

La mnémotechnique de la main®

Qui suis-je au moment où j'apprends ?

Les différents profils d'apprentissage

Le profil d'apprentissage présente les tendances plus ou moins importantes d'un individu en fonction d'une liste de caractéristiques d'apprentissage réparties dans trois domaines particuliers :

- les huit natures ou comportements ;
- les quatre ressorts de motivation ou « motivations de départ » ;
- les trois types de compréhension.

Les huit natures

L'investigateur

Réfléchi, curieux, observateur, il a besoin d'être tranquille pour apprendre. Introverti, il peut paraître distant à l'égard des autres. Il doit apprendre à exprimer ses ressentis.

L'entreprenant

Audacieux, déterminé, il a un formidable besoin d'agir et de réussir. Séducteur, il a le contact facile. Il a besoin de reconnaissance et doit apprendre à faire face aux échecs.

Le social

Altruiste, gentil et serviable. Il a besoin d'harmonie et réfléchit longtemps avant de prendre une décision. Il doit apprendre à s'écouter lui-même et à dire non.

Le bon vivant

Joyeux et optimiste, il cherche le plaisir immédiat. Il supporte mal l'autorité et les règles. Il a besoin de s'amuser pour apprendre. Il doit apprendre à rester discipliné.

L'artiste

Sensible, chaleureux, créatif, il recherche le beau et déteste la banalité. Il est d'humeur intense et changeante. Il a besoin d'être en permanence remotivé.

L'insoumis

Énergique, franc et dynamique, il a une forte volonté et a peur de se montrer faible. Il a besoin de se dépenser, de relever des défis. Il apprend mieux en situation. Il doit apprendre à faire confiance aux autres.

Le perfectionniste

Minutieux, soigneux, il a goût de la perfection et une grande rigueur personnelle. Il respecte l'autorité mais a besoin de respect. Il doit éviter de se dévaloriser. Il doit apprendre à accepter ses propres erreurs et celles des autres.

Le conventionnel

Traditionnel, il a besoin de conformité, d'un cadre stable et bien structuré. Il recherche la sécurité. Il aime suivre des instructions logiques. Il doit apprendre à faire face à la nouveauté.

Les quatre motivations de départ

Avec qui ?

Plus il apprécie les personnes avec lesquelles il apprend, plus la tâche est motivante.

Où cela se situe ?

Plus il peut situer ce qu'il apprend dans le plan et l'espace, plus il est motivé.

Vais-je apprendre ?

Plus il a l'impression de découverte, de nouveauté, plus il est motivé.

Utilité ?

Plus il sait à quoi sert ce qu'il apprend, plus il est motivé.

Les trois types de compréhension

Visuelle

La compréhension s'effectue principalement par la vue. Le jeune apprécie les vidéos, les présentations au tableau, les schémas, les cartes, les diagrammes, les livres, les couleurs, les résumés écrits, les fiches 3 colonnes, les « mind map ».

Auditive

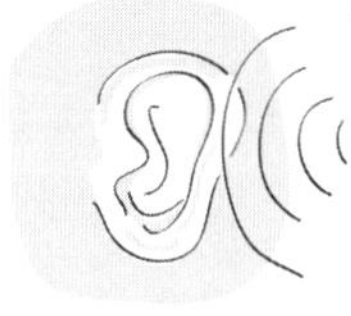

La compréhension s'effectue principalement par l'écoute. Le jeune apprécie les cours « magistraux », les conférences, la lecture à voix haute, la musique, le rythme, les enregistrements audio.

Kinesthésique

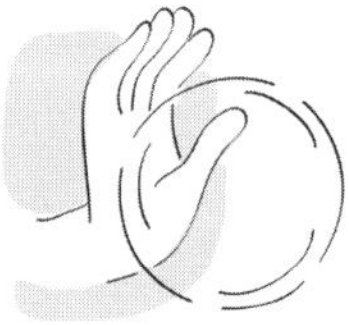

La compréhension s'effectue principalement par le ressenti. Le jeune apprécie les expériences, les exemples, les exercices, les activités en geste et mouvements, l'apprentissage debout sur un tableau, le « mind mapping ».

Partie 1

DÉCOMPRESSER

Chapitre 1

Pouce !

Stop : je m'arrête, je me requinque

« L'attention se définit comme le contrôle, l'orientation et la sélection par l'individu d'une ou plusieurs formes d'activités durant une période de temps qui ne peut être maintenue longtemps. »

Christophe Boujon et Christophe Quaireau,
Attention et réussite scolaire, Dunod, 1997

Les principes

Premier doigt de la main, le pouce compte une phalange de moins que les autres. Il compense sa petite taille par une grande mobilité. Les bébés le mettent dans la bouche pour se rassurer, les plongeurs le lèvent pour signifier qu'il est temps de remonter à la surface. Refaire surface, voilà le maître mot du pouce. « Pouce ! » crient les enfants quand ils veulent s'abstraire d'un jeu ou reprendre leur souffle. Dire « pouce » revient à réclamer une pause. Une pause pour souffler, une pause pour se re-créer. Comme à l'école, où les ré-créations – des coupures de cinq à dix minutes – permettent aux bambins de se dé-lasser avant de retourner en classe. Lâcher prise pour prendre conscience de ses besoins physiologiques et gagner en efficacité, voilà la leçon délivrée par le pouce.

Être attentif pour mieux apprendre

Quel que soit l'âge de votre enfant, il ne peut apprendre que s'il est **attentif** à ce qui vient de se dérouler et à ce qui se présente à lui. **L'attention est le moteur qui sous-tend toutes les formes de l'apprentissage.**

Disparu des manuels de psychologie au début du XXe siècle, avec l'émergence du behaviourisme, le concept d' « attention » y fait sa réapparition dans les années 1950 quand psychologues et professionnels de l'éducation prennent conscience du rôle primordial qu'il joue dans le développement humain. **Christophe Boujon,** docteur en psychologie cognitive expérimentale, définit l'attention comme « *le contrôle, l'orientation et la sélection par l'individu d'une ou plusieurs formes d'activités durant* "une période de temps qui ne peut être maintenue longtemps" ». Autrement dit, **l'attention est un système à capacité limitée** dont il faut prendre soin si nous voulons qu'il assure une réception maximale de toutes les informations en provenance de **notre environnement extérieur** (messages et signaux visuels, auditifs, olfactifs et autres) et **de notre milieu interne** (sentiment, émotions, état psychologique...).

Il faut distinguer trois types d'attention que nous détaillons ci-dessous.

- **L'attention soutenue** correspond à la capacité de maintenir son attention pendant une durée de trente à quatre-vingt-dix minutes.

Elle est possible lors de tâches répétitives. Il est à noter toutefois qu'on observe une baisse de sa qualité après une demi-heure.

- **L'attention partagée** correspond à la diffraction de l'attention dans le cas d'activités multiples qui nous oblige à traiter plusieurs informations en même temps.
- **L'attention sélective** correspond dans le langage courant à ce qu'on appelle « la concentration ». Au sens premier, **la concentration** est l'action qui consiste à tout ramener au centre. Par extension, le mot a pris d'autres significations. On le retrouve dans plusieurs domaines. Il désigne également l'attention, le fait de mobiliser ses facultés mentales et physiques sur un sujet et une action.

S'arrêter pour rester attentif

Le cerveau de notre enfant sera d'autant plus vigilant qu'il lui offrira **des pauses rapprochées**. Ces « moments de repos éveillé », comme le sont les récréations des petits ou les pauses-café des grands, aident à mémoriser les informations qu'il vient d'acquérir. Ainsi que nous le montrent les courbes ci-dessous, l'attention est plus soutenue au sortir d'un break. Avant aussi, à condition que ce dernier ait été prévu. Le cerveau travaille pour nos jeunes lorsqu'ils se reposent ! Voilà le prodige rappelé par le pouce !

Courbes d'attention

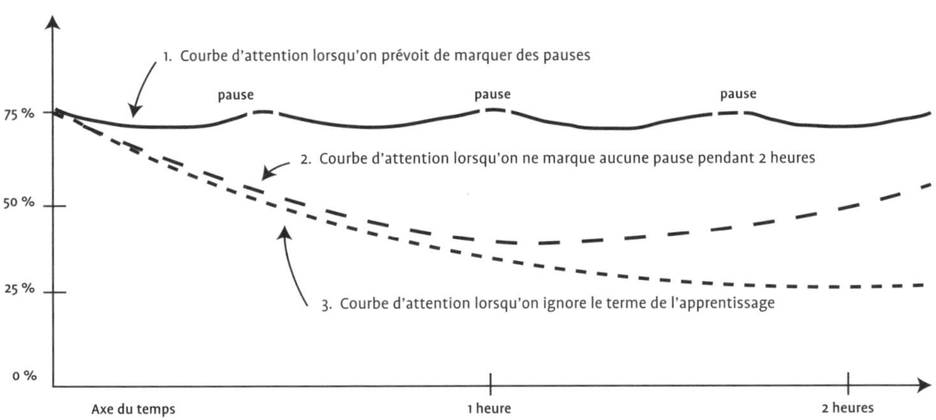

Les méthodes

Mieux connaître ses capacités à être attentif

Comme pour celle de l'apprentissage, la notion de « concentration » diffère selon la personnalité de chacun. Certains enfants n'arriveront pas à se mettre au travail devant un bureau trop bien rangé tandis que pour d'autres, le moindre stylo qui traîne suffira à les perturber. Quand son attention « décroche », il est essentiel de faire se poser au jeune les questions élémentaires : Quand ? Où ? Pourquoi ? Comment ?

Pour mieux se connaître, une des premières démarches à accomplir consiste à **« s'observer » suivant la tâche à réaliser.** Qu'en est-il alors de l'attention de notre enfant ?

Exercices à faire une fois

Que fait-il quand il est concentré ?

Cible les moments où tu es concentré (pendant une activité sportive, artistique, sociale, intellectuelle...).

- Que fais-tu ?
- Dans quelle situation te trouves-tu ?
- À quoi vois-tu que tu es concentré(e) ?
- Que ressens-tu physiquement ?

Entoure les petits gestes, les bonnes habitudes qui t'aident à te concentrer.

- Je travaille à une table.
- Je travaille debout sur un tableau.
- Je suis en mouvement.
- Je travaille dans le silence.
- Je travaille en groupe.

- Je suis dans un endroit en ordre.
- Je suis au milieu de toutes mes affaires.
- Autre : ....

Que fait-il quand son attention décroche ?

Entoure toutes les attitudes qui sont les tiennes lorsque ton attention décroche.

- Je commence à bâiller.
- Je pense à autre chose.
- Je joue avec tout ce qui traîne sur le bureau.
- Je m'agite.
- Je n'écoute pas la personne qui parle.
- J'ai envie de dormir.
- J'embête mon voisin.
- Je parle.
- Je dessine.
- J'allonge mes jambes... Je glisse sous la table.
- Je me tasse sur mon siège.
- Autre : ....

Quelles attitudes nuisent à sa concentration ?

Nous l'avons vu, il y a des facteurs externes qui nuisent à la concentration de notre enfant. Un autre questionnement nécessaire à une meilleure connaissance de soi est de repérer les attitudes qui participent à le déconcentrer, en plus de lui faire gaspiller du temps.

Entoure les attitudes qui te font gaspiller du temps à la maison et diminuent ta concentration.

- Mes appels téléphoniques mal contrôlés, trop longs.
- Mes frères et mes sœurs qui m'interrompent.

- Mes frictions avec mes parents.
- Mes pauses frigo trop longues ou inappropriées.
- Mon inaptitude à dire NON aux autres ou à moi-même.
- L'absence d'un plan de travail pour la soirée.
- Le désordre sur mon bureau, dans ma chambre, mes problèmes de rangement et de classement.
- Mon manque de discipline personnelle.
- Une tendance à la procrastination : je repousse sans cesse au lendemain ce que je pourrais faire le jour même ; mes priorités et mes objectifs sont confus.
- Mes problèmes de santé, de sommeil.
- Mon perfectionnisme : le mieux est souvent l'ennemi du bien.
- L'habitude de me lancer dans une tâche inadaptée au moment, comme celle de démarrer une rédaction difficile alors que mon frère a invité six copains pour son anniversaire.
- Autre : ....

Haro sur la musique !

L'amour est enfant de bohème, on connaît la chanson ! Si ce n'était que l'amour ! Notre attention aussi joue les filles de l'air. Comme la rengaine, elle va, vient, tourne et puis se traîne... Influencée par plusieurs variables comme l'environnement extérieur, l'intérêt pour une tâche, la motivation, le degré d'anxiété, l'état émotif, le niveau de vigilance, la concentration ne se commande pas ! En revanche, nous pouvons tenter d'influer sur les facteurs externes (comme celui de l'endroit choisi pour travailler) et internes (par quelle activité commencer ?) qui l'influencent et la favorisent. En 1997, Christophe Boujon avait déjà réalisé une expérience montrant que notre compréhension diminuait de 25 % lorsque nous travaillions en écoutant de la musique assortie de paroles et de 40 % lorsque nous le faisions en regardant un clip vidéo ! L'attention partagée ne permet pas la concentration. En septembre 2010, la revue *Applied Cognitive Psychology* publiait une étude menée par des chercheurs britanniques qui avaient demandé à des volontaires de se souvenir d'une liste de huit consonnes dans un certain ordre. Cette tâche simple était effectuée dans différentes conditions.

Les résultats parlaient d'eux-mêmes. Des résultats plutôt mauvais avaient été obtenus par les sujets qui travaillaient en écoutant de la musique (quelle qu'elle soit) et en entendant des chiffres aléatoires. En revanche, le silence ou un environnement sonore stable (c'est-à-dire une voix qui répète toujours le même chiffre) obtenaient de meilleurs résultats. Nick Perham, le responsable de l'étude, en concluait que la musique écoutée en travaillant diminuait les performances intellectuelles, au moins concernant les tâches qui exigeaient de la mémoire et de la concentration.

Exercices à faire parfois

L'aider à découvrir son rythme de sommeil

Une meilleure connaissance de soi passe aussi par **l'analyse de son rythme de sommeil** et par la connaissance de **ses besoins de récupération**.

Pendant une période de vacances scolaires, où les contraintes sont moindres, l'enfant note l'heure à laquelle il éteint sa lumière, l'heure à laquelle il se réveille spontanément. Il est très important qu'il soit réveillé par sa propre horloge biologique, et cela pendant sept jours consécutifs. Chaque matin à son réveil, il remplit le tableau ci-dessous. Au septième jour, il additionne ses heures de sommeil et divise le nombre obtenu par 7. Ainsi il obtient une **moyenne** d'heures à laquelle il lui faut se conformer s'il veut jouir d'une activité cérébrale optimale.

	lundi	**mardi**	**mercredi**	**jeudi**	**vendredi**	**samedi**	**dimanche**
Heure de coucher							
Heure de réveil							
Nombre d'heures de sommeil							

La mémoire vient-elle en dormant ?

De nombreuses études ont montré que le manque de sommeil chez les élèves de l'école élémentaire était une des causes de leur retard scolaire : 61 % de ceux qui dormaient moins de huit heures par nuit connaissaient des difficultés d'apprentissage contre 13 % seulement parmi les élèves qui dormaient dix heures par nuit. Certes le besoin de sommeil diminue avec l'âge. On dort moins à 80 ans qu'à 4 mois où un bébé peut dormir à poings fermés seize heures dans la journée. Chez l'adolescent apparaît une tendance significative à la somnolence diurne, mise en évidence par des tests de latences multiples d'endormissement (TLME) et par leurs témoignages. Il est vrai qu'ils accumulent les risques d'un mauvais endormissement : excitation intellectuelle, anxiété propre à leur état d'adolescent, sédentarité dans la journée, refus de l'heure du coucher imposée. Ils sont le plus souvent en dette de sommeil. **Une enquête chez des lycéens de l'académie de Lyon a montré que la différence entre les durées de sommeil en période scolaire et en vacances est supérieure à trois heures pour 24 % d'entre eux**. Bon nombre de spécialistes qui ont travaillé sur la question sont catégoriques : sans sommeil, la mémoire ne peut pas se construire. De la qualité de vos nuits dépend celle de vos jours. En dehors de sa fonction principale de repos, le sommeil a un rôle dans la consolidation de l'organisme. C'est d'ailleurs en cas de privation que l'on s'en rend compte : troubles de l'équilibre, du comportement, de la vigilance... Et de nombreux autres problèmes qui risquent d'affecter la vie personnelle et professionnelle. Autant dire qu'il vaut mieux bien dormir pour être en forme, quel que soit votre âge. Car pendant que vous dormez, votre cerveau s'active. Le sommeil permet une consolidation et une mémorisation des apprentissages. Ou comment s'offrir quelques heures de révision en plus tout en dormant ! Ainsi, lors de révisions importantes en vue d'un contrôle ou du passage d'un examen, votre enfant a besoin plus que jamais d'avoir affiché à son compteur interne assez d'heures de sommeil pour être performant à 100 %.

PAROLES DE PARENT

La maman de Martin a été surprise de pouvoir nous raconter l'anecdote suivante : depuis que son fils a découvert pendant les dernières vacances de novembre en faisant sa courbe de sommeil qu'il avait besoin de huit heures de sommeil en moyenne pour être au mieux de sa forme, il en a d'abord été très étonné. Maintenant il a accepté de ne plus avoir besoin de faire de grasse matinée les jours où il n'a pas cours et il se couche de lui-même à une heure raisonnable même en période de vacances pour rester en forme !

L'aider à découvrir ses besoins de récupération

Pendant une semaine de classe, l'enfant note ses besoins de pause à chaque heure de la journée. Il se balance sur sa chaise, se met à parler avec un camarade, en bref il repère une attitude qui chez lui dénote une baisse d'attention, il fait une croix dans la case correspondante.

À la fin de la semaine, il compte le nombre de croix obtenues à chaque heure de cours (pendant le cours de maths, puis le cours d'anglais...) puis il divise la somme de croix obtenues par le nombre d'heures de cours.

Si, pour le cours de français, il a noté 6 croix en une heure le lundi, 5 croix en une heure le mercredi et 13 croix le jeudi en deux heures, il comptabilise 24 croix en 240 minutes, soit un besoin de pause toutes les dix minutes.

Cette observation est à effectuer pour chaque cours afin de prendre conscience de ses besoins de pause et de pouvoir y répondre.

L'enfant peut aussi réaliser ce relevé dans le sens vertical. Ainsi il pourra mieux mesurer quels sont ses jours « up » et ses jours « down » ainsi que les moments de la journée où il se trouve au meilleur de sa forme.

Pour le lundi, il additionne le nombre de croix cumulées dans la journée, puis il la divise par le nombre d'heures de cours. Ce calcul lui permet de visualiser en un coup d'œil le jour où il est le plus performant.

La chronobiologie

La chronobiologie étudie les rythmes biologiques et ses variations périodiques et prévisibles dans le temps. Dépendants du rythme jour/nuit, de l'alternance veille/sommeil, des rythmes sociaux (scolaire, étudiant, bureau...), nous avons des périodes plus ou moins fastes durant la journée, la saison, l'année... Nous devons adapter nos tâches en conséquence.

Depuis la parution en 1991 de l'étude de François Testu, *De la psychologie à la pédagogie* (Nathan), les faits concrets de la vie quotidienne des écoliers n'ont plus de secrets pour personne.

- Le matin et en milieu d'après-midi, privilégions le travail qui demande beaucoup de concentration (tâches nouvelles ou difficiles).
- Lors du démarrage de la journée et après le repas, où notre énergie est utilisée à la digestion, consacrons-nous à des activités automatisées, comme du ménage ou du rangement, par exemple.

Exercices à faire au quotidien

La relaxation

La relaxation apporte des couleurs à la vie. Elle permet de profiter à fond de l'existence et offre une maîtrise affinée de son corps, une conscience plus juste de l'équilibre. La relaxation, considérée comme technique d'approfondissement du relâchement naturel, peut calmer beaucoup des maux du quotidien. Elle intéresse le corps (tensions musculaires, articulaires, respiratoires...), autant que l'esprit (défilement perpétuel des pensées, anticipations inopportunes). Leçon apprise par l'organisme, elle permet de relâcher les tensions musculaires, d'écarter l'anxiété et le trac, d'oxygéner le cerveau et donc d'améliorer les facultés d'attention.

Elle s'appuie toujours sur la respiration. Se relaxer est un besoin d'ordre physique et mental. Pour assurer l'efficacité de la respiration, il est bon de se formuler mentalement les mots suivants : à chaque inspiration par le nez « je sens le calme », à chaque expiration. « je me fais du bien ».

Pour varier les entraînements et suivant la sensibilité de chacun, différents exercices de relaxation sont à adapter pour trouver le calme et se défatiguer.

Repos-express des yeux : une à deux minutes

Je pose mon regard sur une surface lisse et vide, comme un mur par exemple. Mon regard est dans le vague. Mes yeux ne fixent plus rien, ils sont au repos. Mon esprit s'évade...

La poupée de chiffon : une à deux minutes

- Je m'assois sur une chaise. Les pieds à plat au sol. J'inspire et je respire profondément par le nez. Je laisse tomber mes avant-bras et mes mains le long de mon buste. Je penche la tête en avant et la laisse entraîner ma colonne vertébrale vertèbre après vertèbre jusqu'à ce que ma tête arrive sur mes genoux.
- Je relâche mes muscles. Ceux des jambes puis ceux des bras, du dos. Je relâche les muscles de ma nuque. Je n'oublie pas de décrisper ma mâchoire.
- Je ferme les yeux. Je chasse toutes les pensées concernant le travail. Je laisse venir à moi des images agréables telles que le vol d'une nuée d'oiseaux dans le ciel ou le mouvement de nuages poussés par le vent ou encore celui des algues bercées par le courant.

- Je remonte doucement la tête en déroulant mon dos vertèbre après vertèbre.

PAROLES DE JEUNES

Charlotte, 14 ans, a suivi un stage pour se familiariser avec la mnémotechnique de la main. Elle y a appris beaucoup de choses : *« Depuis que je me force à respirer plusieurs fois par jour par le ventre chaque fois que je sens que j'ai un peu peur, je ronge moins mes ongles ! »*

Les pauses éclair

En classe

Ces exercices doivent bien sûr être réalisés avec discrétion, à des moments opportuns dans le déroulement du cours (changement d'activité, de salle, période d'interclasse...). Pas question de perturber le travail du professeur et de ses camarades !

Pour relâcher les tensions musculaires

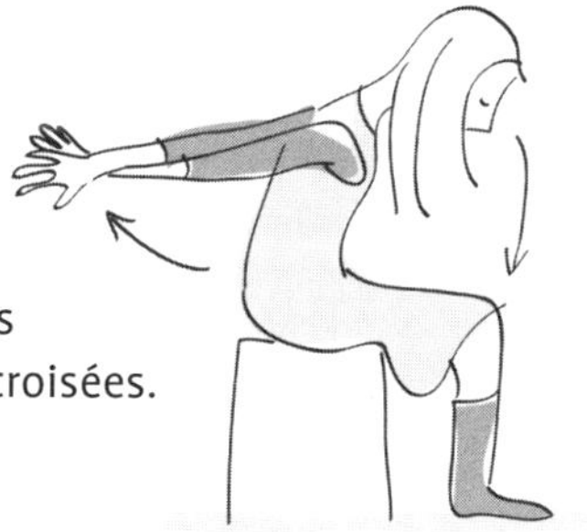

➤ Pieds à plat au sol, bras derrière le dossier de mon siège, dos décontracté : je me penche en avant les bras tendus dans le dos vers le haut, mains croisées.

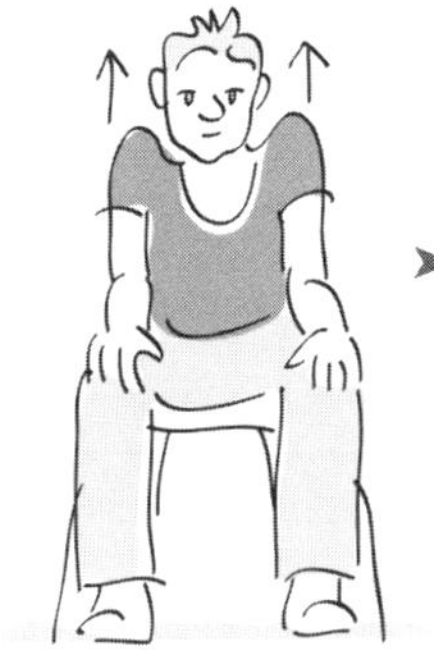

➤ Pieds à plat au sol, bras posés sur les genoux : je hausse les épaules jusqu'aux lobes de mes oreilles, je tiens la position cinq secondes puis je relâche d'un seul coup.

Oxygéner le cerveau pour écarter le trac

➤ Pieds à plat au sol, j'inspire par le nez en gonflant le ventre (et non la cage thoracique), je compte jusqu'à 5, je garde l'air en comptant jusqu'à 3 puis j'expire doucement par le nez en comptant jusqu'à 8 ;

je dois avoir l'impression que mes abdominaux touchent le dossier du siège.

- J'aimerais devenir un oiseau dans le ciel ou un poisson dans la mer, histoire de « prendre un bol d'air » ? Rien de plus simple : il suffit que je m'imagine être l'un des deux, je regarde fixement le mur ou je jette un regard par la fenêtre, je prends le temps de voler ou de nager pour m'évader, en ne pensant à rien.
- Je me pince énergiquement les oreilles pour stimuler tous mes organes et retrouver ma vitalité en un clin d'œil.

À la maison

Le jeune est plus libre de ses mouvements comme des moments où il éprouve le besoin de marquer une pause. Il faut en profiter !

- Je bâille plusieurs fois de suite : les bâillements oxygènent le cerveau.
- Je bois un verre de jus de fruits frais ou d'eau, à chaque pause.
- J'aère en grand ma chambre et j'en profite pour respirer à fond.
- J'étire mes bras vers le ciel et je respire profondément.
- Je bouge, je change de position, je descends un escalier et je le remonte...

L'exercice de l'horloge

En classe comme à la maison

Au moment de la relecture d'un devoir ou d'une « panne » pendant une épreuve écrite, le jeune peut utiliser **« l'exercice de l'horloge »** (de trois à six secondes). Il lui permet de conserver confiance en lui et d'éprouver sa créativité. Cet exercice est très efficace pour s'abstraire de ses blocages et reposer ses yeux. Comme s'il redémarrait son ordinateur, il redémarre son cerveau ! Il permet ainsi à sa réflexion d'emprunter un autre circuit : le jeune est alors en mesure de poser un regard neuf sur le travail accompli ou à faire encore. En sortant du cadre dans lequel sa réflexion s'est enfermée, ses erreurs d'inattention sautent alors aux yeux, les blocages se dénouent. Eurêka !

J'ai les yeux ouverts.

Première étape

Je tourne les yeux lentement dans un sens puis dans l'autre sans bouger la tête.

Deuxième étape

Je lève les yeux vers le plafond puis je les baisse vers le sol sans faire de mouvement de tête.

Troisième étape

Je regarde à droite, à gauche, là encore je reste immobile.

Quatrième étape

Je trace des diagonales avec mes yeux.

Après cet exercice, je peux reposer mes yeux en les fermant dans mes paumes arrondies comme des coques.

La sieste

Faire l'impasse sur le sommeil nous fait entrer dans un cercle vicieux que nous connaissons tous : le manque de sommeil entraîne un déficit de performances intellectuelles donc un temps sans cesse grandissant consacré à l'apprentissage, devenu besogneux, encore moins de sommeil, etc. À long terme, ne pas dormir suffisamment peut provoquer une faible élimination des toxines, une diminution des défenses immunitaires, une mauvaise reconstruction des stocks énergétiques des cellules nerveuses, une baisse de la production des hormones de croissance... Un jeune qui dort mal connaît **des troubles de l'humeur :** il est davantage irritable, impatient ou déprimé. Pour respecter sa quantité de sommeil, **l'astuce est de faire la sieste.**

La sieste correspond à un besoin naturel à tout âge et il y a différentes manières de la faire : soit une sieste classique au lit chez les enfants, ou encore un vrai moment de calme et de repos en début d'après-midi chez les plus grands. Le besoin de sieste est d'autant plus important que la nuit précédente a été courte. Cette coupure dans la journée permet d'améliorer la vigilance, donc les performances.

Mini-pause : trois minutes

Assis à mon bureau, je pose ma tête sur mes bras et ferme tout simplement les yeux. Au lieu de penser à mon travail, je peux faire défiler dans ma tête des clichés de mes dernières vacances.

La mini-sieste : dix minutes au maximum

Elle est à faire allongé ou à califourchon sur une chaise, la tête appuyée sur le dossier.

La sieste : entre vingt minutes et deux heures

Sa durée varie selon chacun. Comme le lieu où l'on peut la faire !

Vive la sieste !

Winston Churchill, John F. Kennedy, Napoléon faisaient tous une courte sieste dans la journée avant de repartir à la conquête du monde. Jacques Chirac a signé la préface d'un livre (Bruno Comby, *Eloge de la sieste*, F.-X. de Guibert, 1999) consacré à la sieste. Il la conseille à « *tous les hommes et toutes les femmes pressés qui pensent qu'une journée de vingt-quatre heures est trop courte, et pour les autres, un guide vers de nouveaux horizons d'équilibre et de détente véritable* ». Albert Einstein élaborait de nouvelles théories mathématiques les yeux fermés après le déjeuner ! Le caractère universel de la sieste a poussé des chercheurs à réunir ces dernières années les résultats les plus pertinents. Toutes les évaluations, qu'elles soient objectives ou résultant de témoignages, indiquent une baisse de vigilance en début d'après-midi. Le respect de cette période de moindre vigilance est recommandé, que ce soit sous forme de sieste avec sommeil, de pause, même brève, de relaxation, selon l'âge, les activités ou les goûts de chacun. L'important est de « débrayer » au bon moment !

Nuit blanche, journée noire

Plus nous sommes réguliers dans nos rythmes de vie, plus nous sommes performants. Carlyle Smith, professeur de psychologie à l'université Trent de Peterborough, a prouvé scientifiquement que passer une nuit blanche pour apprendre, ou réduire ses temps de sommeil pour pouvoir combiner études et sorties, a des effets contre-productifs. Cela entraîne une perte de mémorisation sur le moyen terme. La nuit blanche du vendredi ou samedi peut être responsable d'une perte des connaissances acquises durant la semaine jusqu'à hauteur de 40 %... **En tant que parent, même si ce n'est pas toujours facile de leur dire « non », nous avons des devoirs pour préserver la qualité de leur sommeil.** Exigeons que les téléphones portables et les ordinateurs soient ailleurs que dans leur chambre à partir d'une certaine heure.

Une alimentation équilibrée

Nous venons de le voir, il est idéal de faire la sieste après le déjeuner, entre autres parce que la digestion exige de notre métabolisme beaucoup d'énergie. Mais si cette sieste est facile le week-end, elle est difficilement praticable en semaine : la solution est donc de **jouer sur le facteur alimentation** afin d'éviter le plus possible les « coups de barre ». À l'heure des régimes en tous genres, où la minceur est devenu un idéal à atteindre, au péril même de sa santé et de son goût de vivre, nous ne saurions trop rappeler que se priver de nourriture n'a pas de sens. Au contraire, il faut manger, bien et lentement, à heures fixes (c'est-à-dire à l'heure des quatre repas principaux de la journée et non au gré de ses impulsions), en mâchant et en savourant ses aliments...

Bien manger pour bien apprendre, voilà la formule gagnante ! Un petit déjeuner de roi, un déjeuner de prince et un dîner de mendiant, voilà le secret ! Sans oublier de goûter, bien sûr !

Mettre un moteur dans son assiette

Les besoins en nourriture varient selon l'âge, la taille et l'activité mais une donnée reste constante, que nous soyons tête blonde ou vieillard chenu : notre cerveau a besoin d'une quarantaine de substances pour fonctionner correctement. Parmi elles, **les vitamines, les minéraux, les oligoéléments, les acides aminés, les acides gras essentiels, etc.**

Comme le rappelle le docteur Marie de Beaucorps, il suffit qu'une seule de ces substances soit absente de notre assiette pour que nous ressentions de la fatigue, que nous souffrions de trous de mémoire ou que nous éprouvions des difficultés à comprendre les choses ou à enregistrer des informations nouvelles.

Dans les aliments, on trouve :

- **des nutriments,** les protides, lipides, glucides apportent cette énergie dont l'unité de mesure est la calorie ;
- **des micronutriments,** les vitamines, les minéraux, les oligoéléments, catalyseurs indispensables au bon fonctionnement de nos cellules et de l'organisme.

Les besoins nutritionnels de nos jeunes sont d'abord conditionnés par le pic de croissance qui se produit à la puberté. Il se manifeste généralement entre 11 et 15 ans chez les filles et entre 13 et 16 ans chez les garçons. S'ils diffèrent selon les individus et si l'apport alimentaire peut fortement varier d'un jour à l'autre, tant et si bien qu'il faut compenser les manques et les excès d'un repas au repas suivant, **certains nutriments doivent cependant retenir plus d'attention, en particulier le fer et le calcium.**

Quelques aliments santé

- Les viandes maigres et le poisson, mais aussi les légumineuses, les légumes verts, les graines oléagineuses ou les céréales complètes, voire enrichies en fer ;
- les laitages, comme le lait, les yaourts ou les fromages ;
- les aromates et les épices (moins de sel, plus de goût !) tels que les herbes de Provence, le persil, le poivre, le curry, le curcuma, la coriandre, la cannelle et le gingembre... aux propriétés antioxydantes, riches en minéraux et vitamines ;
- les fruits secs tels que les noix, les noisettes et les amandes, source de provitamine A, vitamines B1, B2, B3, B5, B6, C, E et PP, fer, potassium, magnésium, zinc, phosphore, calcium, cuivre, fibres et oméga 3 (noix).

Un petit déjeuner de roi

Ne vous est-il jamais arrivé de vous jeter sur le frigo quand le soir vous rentrez d'une journée bien remplie ? C'est que ce jour-là, vous n'avez pas mangé suffisamment à midi et surtout lors de votre petit déjeuner ! C'est ce premier repas de la journée qui permet d'éviter les petites faims de fin de matinée mais aussi de réduire les quantités des autres repas. **Il est indispensable de prendre un petit déjeuner copieux et équilibré.** À notre réveil, notre corps a besoin d'énergie pour bien commencer la journée mais aussi pour nous permettre de jouir d'une attention soutenue tout au long de l'après-midi. Outre sa contribution à l'apport total énergétique quotidien, le petit déjeuner favorise une **meilleure régulation du poids** en rallongeant le temps de satiété, c'est-à-dire le temps pendant lequel mon estomac ne crie pas famine. Cette réalité, qui va pour certains à l'encontre des *a priori*, a été soulignée par de nombreuses études démontrant une corrélation négative entre l'absence des petits déjeuners et la prise de poids (surpoids corporel et obésité).

Qu'est-ce qu'un petit déjeuner de roi ?

Protéines : poulet, jambon, œuf, quinoa.
Lipides : beurre, fromage, laitage.
Vitamines : jus de fruits frais ou fruit frais.
Sucres lents : céréales (avec calories pleines), pain au levain (farine T > 80).

Un déjeuner de prince

Il reste encore six et huit heures avant le dîner ! Bien manger au milieu de la journée évite la fringale le soir… Même si ce n'est pas toujours facile, il faut veiller à manger varié et équilibré. Féculents, fruits et légumes, viandes maigres, poisson, volaille, œufs, légumineuses et graines oléagineuses contribuent à une croissance appropriée, sans apport énergétique excessif.

À la maison comme au fast-food

Le fast-food doit sa popularité auprès des adolescents à divers facteurs : mets goûteux à petit prix, facilité et rapidité de consommation. Les habitudes alimentaires des adolescents sont le plus souvent dictées par leurs préférences et par la saveur des aliments.

Faites concurrence aux machines distributrices, à la restauration rapide et aux dépanneurs en proposant à votre adolescent des lunchs appétissants, qu'il aime et qui sont faciles à manipuler et à manger, comme un pain pita roulé au houmous et au fromage accompagné d'un jus de fruits. Oubliez les plats à réchauffer et l'utilisation d'ustensiles.

Qu'est-ce qu'un bon goûter ?

Goûter permet de faire une pause salvatrice avant de se remettre au travail. Ainsi, le jeune retrouve toute **l'énergie** nécessaire pour que son corps et son cerveau fonctionnent bien. Cerise sur le gâteau, il n'aura plus besoin de grignoter avant l'heure du dîner ! Génial, non ?

- **Du chocolat noir et des fruits secs** pour l'apport en magnésium et en oligoéléments ;
- **du jus de fruits frais** pour les vitamines ;
- **du pain au levain pour les micronutriments** (calories pleines, riches en vitamines et oligoéléments ; le pain doit être fabriqué avec une farine T > 80, ce qui nous assure une farine pas trop raffinée !).

PAROLES DE JEUNES

Théo apprécie beaucoup le coca, les sodas et les sucreries comme bien des jeunes de son âge. Tous les matins, il partait « à la bourre » et n'imaginait pas la possibilité de petit déjeuner. En plus, le matin, il n'avait pas vraiment faim ; il avait l'estomac noué à l'idée de la longue journée qui l'attendait ! Pourtant, il a changé, comme il le confie : *« Après avoir expérimenté le goûter TOJ, je me suis dit que j'allais essayer de faire fondre la barre de chocolat noir entre deux tranches de pain grillé au levain et de le manger comme si c'était un pain au chocolat. J'avoue que c'est bon et que je suis à nouveau d'attaque pour finir ma journée avec efficacité. »*

Un dîner de mendiant

Le **dîner** est un repas d'échange, de rencontre et de discussion après une journée où chacun a vaqué à ses occupations. C'est l'occasion pour les jeunes de parler de ce qu'ils ont fait, de leurs loisirs et de leurs projets. Si ce repas doit être riche en bavardages, il doit être léger dans l'assiette ! Car la nuit le corps consomme moins d'énergie. Mais attention, « léger » ne signifie pas « pauvre » en nutriments et micronutriments ! Pendant la nuit, l'organisme subit un long jeûne entre le repas du soir et le petit déjeuner. De plus, il continue à brûler des calories pour assurer les fonctions essentielles du corps : le cœur bat, les poumons respirent, le sang circule, le foie fonctionne, le cerveau rêve. Sans manger lourd, mais équilibré, en veillant à une bonne répartition des apports énergétiques dans la journée : 15 à 20 % le matin, 40 à 50 % le midi et 30 à 40 % le soir.

Les règles d'or du dîner

- Éviter les aliments gras (fritures) et sucrés.
- Ne pas hésiter à manger des féculents (céréales, pain, pâtes, pommes de terre, riz).
- Consommer des fruits et des légumes de façon systématique.
- Boire suffisamment.

Les bénéfices du pouce

Avec le pouce, le jeune prend soin de ses besoins physiques.

Des performances cognitives améliorées

Lors de ses fins de matinées longues et studieuses, lors des épreuves écrites, devoirs sur table ou examens, le jeune se rend compte qu'il a de l'énergie et la possibilité d'une bonne concentration.

Un bon régulateur du poids

Pour les jeunes filles surtout, plus sensibles à leur ligne, le fait de respirer profondément avec le ventre permet de renforcer leurs abdominaux. L'alimentation équilibrée avec un vrai petit déjeuner leur assure une stabilité du poids puisqu'elles n'ont plus à lutter contre les fringales.

Grâce à une alimentation saine et à la pratique de la relaxation, le jeune apporte à son corps ce dont il a besoin pour être au meilleur de sa forme et à sa tête ce qu'il faut pour rester en veille tout au long de la journée. « *Un esprit sain dans un corps sain* », l'adage est connu. De la même manière qu'il est possible de s'intéresser à l'esprit pour calmer le corps, on peut travailler sur le bien-être du corps pour tranquilliser l'esprit. C'est cette seconde démarche que privilégient les exercices du pouce. Les principes des différentes méthodes sont simples à assimiler. Le jeune sera rapidement autonome dans sa pratique. C'est un chemin à emprunter pour gagner l'estime de soi et renforcer sa confiance et son équilibre.

PAROLES DE JEUNE

Anastasia, 16 ans, nous a confié qu'avec le rythme TOJ (petit déjeuner de roi, déjeuner de prince, dîner de mendiant), elle avait non seulement retrouvé de l'énergie mais aussi perdu quelques kilos superflus !

Chapitre 2

L'index

Je fais le vide, je prends conscience de mes émotions et de mes besoins

« Ce sont les émotions qui font que nos relations avec les autres sont nourrissantes. À ce titre aussi elles ont une valeur inestimable. Plus on est capable de les ressentir, plus on peut se nourrir. On se nourrit alors des effets de nos actes ou de ce que les autres nous apportent parce qu'on absorbe, en quelque sorte, en ressentant. Plus on est capable d'exprimer et d'extérioriser nos émotions dans des actes, plus on est nourrissant pour les autres. Cela entre autres parce que nous leur communiquons des choses qui sont importantes pour nous. Or ce que nous vivons leur importe ou les concerne souvent. »

Michelle Larivey, *Les Genres d'émotions*, juillet 1998.

Les principes

Deuxième doigt de la main, l'index est le grand inquisiteur qui pointe ce qui va et ce qui ne va pas. Pour soi d'abord et pour l'autre ensuite. Dans la mnémotechnique de la main, une fois le jeune requinqué avec le pouce, il montre du doigt ce qu'il a vécu de signifiant dans sa journée en mettant le doigt sur les émotions qui l'ont traversé. Ainsi, en rendant présente avec l'index une satisfaction ou une insatisfaction du moment, il prend conscience de ses besoins psychiques.

Clémentine a 15 ans. C'est une jeune fille gaie et dynamique. Pourtant un soir, à son retour de l'école, elle ne sait quoi répondre à sa mère quand celle-ci lui demande de lui parler de sa journée. En reprenant posément le questionnement – « Et si tu savais, ce serait quoi ? De quoi, de qui s'agit-il ? Que s'est-il passé ? Comment est-ce arrivé ? Pourquoi est-ce important ? Quelles émotions as-tu ressenties ? » – la mère de Clémentine amène la jeune fille à mettre de l'ordre dans ses idées en reconstituant l'enchaînement de ce qu'elle a vécu. Clémentine se souvient alors de la réflexion de son professeur de français qui lui a reproché en lui rendant sa copie d'être « toujours aussi loin du sujet ». Pourtant, elle ne fait pas encore le lien entre cette observation et son incapacité à se remettre au travail...

Nommer ses émotions

Les émotions sont au psychisme ce que les sensations sont au corps : quand je me brûle, je retire ma main sous l'eau chaude ; quand j'éprouve de la déception ou le sentiment d'être victime d'une injustice, je rentre dans ma carapace ou au contraire je tempête et je m'agite... Qu'elle soit le fruit de nos pensées ou la conséquence d'un événement extérieur, l'émotion remplit toujours la même fonction : **elle nous renseigne sur nous-même.** Et même si le message qu'elle nous transmet nous déplaît, nous n'avons aucun intérêt à l'éliminer ou à le dissimuler. Nier sa vie émotive comporte toujours le risque de se couper de soi-même et des autres.

Pour le jeune, il est plus difficile d'exprimer son mal-être et les sentiments exacts qui l'animent que de l'étouffer par de la musique tonitruante ou une suractivité de tous les instants, à moins qu'il ne sombre dans l'« aquoibonisme » et la déprime. Comment pourrait-il savoir ce qu'il ressent tant que personne ne lui a appris à nommer avec précision ce qu'il éprouve ? Notre rôle en tant qu'adulte est de l'amener à identifier les émotions qui le traversent en mettant un nom sur chacune d'elles. Ainsi, en prenant le temps de s'examiner et de se sonder, notre jeune apprend à se connaître sur le plan émotionnel.

CONSEIL DE PRO

Longtemps la dépression est restée mal identifiée chez les enfants et les adolescents. Considérée comme un passage presque obligé de l'accession à l'âge mature, elle frappe pourtant 1 % des enfants et 5 % des adolescents. Peur de l'abandon, phobies, difficultés d'apprentissage, troubles alimentaires, insomnies... accompagnent souvent l'état dépressif. **Du côté des parents, il faut une oreille attentive pour entendre dans les expressions et les non-dits de l'enfant une tristesse pathologique et les symptômes de la dépression.** Si l'enfant en arrive à des états de grand manque, comme c'est le cas dans la dépression, c'est souvent parce qu'il ne se fie pas aux émotions qui le parcourent. Il faut dire que leur décodage est parfois difficile parce que le langage qu'il **emploie pour nommer ce qu'il ressent n'est pas toujours adéquat ni précis. « Je m'en fous », « Je suis nul », « Personne ne m'aime »... ne sont que des phrases qui masquent son incapacité à se dire.**

Lier ses émotions à ses besoins

En pointant de l'index cet événement qui pour d'autres serait d'importance mineure, Clémentine va pouvoir se dire à elle-même qu'elle a été surprise par la réflexion de son professeur. De cet incident, elle a retiré de la honte, de la colère et un sentiment d'injustice. Sentir ces émotions mêlées va lui permettre **d'identifier ce qui lui manque et ce dont elle**

a besoin pour être heureuse, à savoir être reconnue pour le mal qu'elle s'est donné pour faire ce travail.

À qui viendrait-il l'idée de négliger ses besoins physiques ? Beaucoup d'entre eux sont si impérieux et les conséquences lorsqu'on les oublie si évidentes que nous les assouvissons volontiers. Quand nous avons faim, nous mangeons, quand nous avons soif, nous buvons, quand nous avons sommeil, nous dormons...

Sur le plan psychique, ce sont nos émotions qui sont chargées de nous révéler si nos besoins sont satisfaits ou non et à quel degré ils le sont.

C'est que les émotions sont intimement liées à nos besoins. Leur fonction informative fait d'elles un instrument très précieux pour nous renseigner sur notre complétude ou sur nos frustrations.

Lorsqu'un de nos besoins est satisfait, on peut se sentir détendu, fier, content, calme, heureux, enthousiaste...

À l'inverse, **lorsqu'un de nos besoins n'est pas satisfait,** on peut se sentir triste, ennuyé, impatient, mécontent, fâché, nerveux, découragé, écœuré...

Une émotion non exprimée reste en tension dans l'organisme. Une fois l'émotion identifiée et le(s) besoin(s) qui lui sont attachés reconnus, le jeune peut passer à autre chose. Sentir sa tristesse, par exemple, lui permet de prendre conscience d'un manque et de choisir les actions appropriées pour le combler.

Émotion et besoin

Dans un article paru en juillet 1998 (« Les genres d'émotions » in *La Lettre du psy*, vol. 2, n° 7), la psychologue **Michelle Larivey** rappelle l'importance de prendre conscience de ses émotions. Si un geste, un événement nous atteint, c'est qu'il a une résonance en nous. Nous pouvons même dire que ce qui nous touche correspond à un besoin en nous. Il peut s'agir d'un besoin plus ou moins grand, mais ce qui est certain, c'est qu'il est suffisamment important pour que nous soyons ainsi remués.

Le besoin révélé par une émotion est toujours un besoin présent, comme c'est le cas pour les sensations physiques. Chacune d'entre elles peut être considérée comme nous donnant le pouls sur un aspect de notre état du moment. Gardons-nous toutefois de confondre besoins et désirs. **Le besoin est exprimé par le cerveau inconscient** sous forme d'une émotion qui en signale la présence et la satisfaction ou la non-satisfaction. **Le désir en revanche est conscient.**

CONSEIL DE PRO

Évitons de projeter nos attentes, nos peurs, nos inquiétudes sur notre jeune. Prêtons attention à ses ressentis qui vont lui permettre de réaliser ses besoins. Le jeune qui rentre le soir de l'école après avoir été félicité par son professeur se trouve dans de bonnes conditions « psychiques » pour se remettre au travail. Si en revanche, il a essuyé une remarque déstabilisante, il va être triste. Quel besoin se cache derrière cette tristesse ? Un manque affectif ? Un besoin de reconnaissance ? Qu'il le réalise et il pourra à nouveau se mettre au travail. **Il faut toujours prendre du recul sur ses émotions et sur l'événement déclencheur pour s'offrir les moyens d'une nouvelle réussite.** Dire ce qu'on ressent est très important pour le jeune qui veut pouvoir connaître ses besoins et y répondre. Parents, ne vous contentez pas, à l'issue de la journée, de phrases sibyllines, du type « C'était bien », « C'était comme d'habitude » ! Ce ne sont pas des ressentis ! Nous répondons bien à notre besoin de déjeuner délivré par une sensation, répondons aussi à nos besoins psychologiques transmis par nos ressentis… Tant pis s'il faut y passer un peu plus de temps ! Comme dirait la chanson, « prendre du recul, c'est prendre de l'élan » ! Un gain de temps inestimable dans un monde où tout va si vite !

Quand le jeune est bloqué, il ne faut pas hésiter à lui poser la question « Et si tu savais ce serait quoi ? », « En fait si tu osais te dire, quels seraient les mots que tu choisirais dans la liste des ressentis ? ».

La hiérarchie des besoins

Quand notre jeune est en situation d'échec, quel que soit le domaine dans lequel le manque de réussite se joue, il ressent un sentiment d'impuissance ; son plaisir à faire les choses s'émousse. Bientôt l'angoisse et le stress l'envahissent. Bien souvent démotivé, il développe une image négative de lui, il manque d'énergie et se sent inefficace…

C'est que les besoins, cachés derrière les émotions, alimentent ce qui nous pousse à agir.

Cette réalité se retrouve dans la vie scolaire, étudiante, affective, professionnelle... D'après Abraham Maslow, nous voulons tous, dès notre naissance, satisfaire nos besoins. C'est là notre motivation originelle ! Lorsque nous avons satisfait un besoin, un autre surgit. Présents en chacun de nous de façon latente, ces besoins sont toutefois hiérarchisés. Ainsi chaque besoin supérieur ne devient conscient que lorsque les besoins inférieurs sont satisfaits !

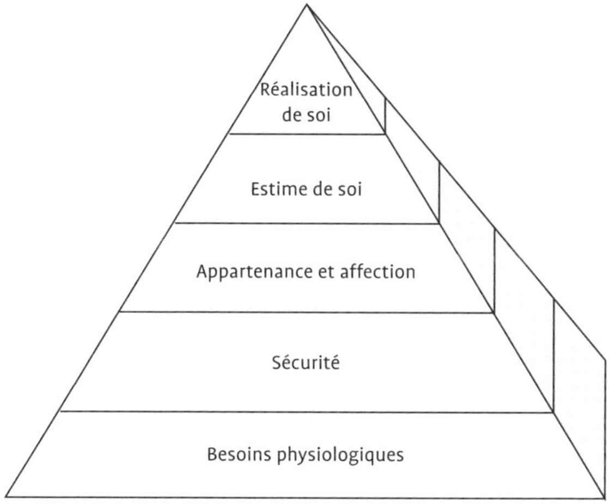

Pyramide de Maslow

La pyramide de Maslow

La **pyramide des besoins** schématise une théorie élaborée à partir des observations réalisées par le psychologue **Abraham Maslow** dans les années 1940 et consignées dans l'article *A Theory of Human Motivation*. Il y hiérarchise les besoins humains selon cinq niveaux.

- Le premier niveau est celui des besoins physiologiques : manger, boire, se reposer, sommeil, hygiène...
- Le deuxième niveau est celui des besoins de sécurité : protection morale, physique, économique, psychologique, affective... en bref être assuré du lendemain.

- Le troisième niveau est celui des besoins sociaux : sentiment d'appartenance, socialisation, amitié, affection, échanges...
- Le quatrième niveau est celui des besoins d'indépendance et de respect de soi et des autres : estime de soi, confiance en soi, capacité à faire des projets, considération, prestige, valorisation.
- Le cinquième niveau est celui des besoins de réalisation de soi : accomplissement, réalisation personnelle, besoin spirituel, besoins de contact avec le beau au sens large, sens à son existence...

Selon Maslow, nous devrions rechercher d'abord à satisfaire chaque besoin d'un niveau donné avant de penser aux besoins situés au niveau immédiatement supérieur de la pyramide. Par exemple, il est préférable de rechercher à satisfaire les besoins physiologiques avant les besoins de sécurité. Par exemple, un jeune ne peut pas apprendre s'il ne se sent pas en sécurité (niveau 2), si affectivement il ressent un manque (niveau 3), s'il ne s'estime pas (niveau 4).

Des besoins nouveaux apparaissent dès la satisfaction des besoins primaires (être en sécurité, nourri...) qui nous poussent à bouger, à entreprendre et à investir, par exemple un besoin de reconnaissance sociale, des envies de biens matériels, de confort et aussi : l'amour, le pouvoir, l'argent, la création d'une famille, la réalisation et le respect de nos valeurs...

Une question simple

« Je suis nul(le), pas capable, mon père, mon beau-père, ma mère me le disent tout le temps ! », « Ça ne m'intéresse pas », « Qu'est-ce que cela veut dire ? », « Je ne sais pas parler en public », « Je ne sais pas faire mon exposé », « Je veux, je préfère m'éclater avec mes copains », « J'en ai marre de l'école », « Je ne veux pas de ce système »...

Combien de parents, de professeurs, de professionnels de la santé entendent de la bouche de nombreux adolescents ces ritournelles mélancoliques, qui disent la dépréciation d'eux-mêmes ? Pour protéger son image, le jeune se retire, critique, ou au contraire s'exhibe, fait le clown, devient agressif, etc. Mais pourquoi donc ne réussit-il pas, pourquoi manque-t-il de confiance en lui ? Beaucoup de parents se sentent impuissants devant le désarroi de leur enfant et, après avoir discuté, argumenté en vain, cherchent une aide extérieure. Que pourraient-ils faire d'autre ? Eh bien, **découvrir les besoins à satisfaire qui permettront à leur jeune de garder vivante l'envie de faire !**

Les méthodes

L'aider à découvrir ses ressentis

Savoir « dire » et « se dire », voilà la première des choses à apprendre. Mettre des mots sur ses sensations est impératif pour le jeune qui pointe du doigt les émotions qui l'ont traversé pendant la journée.

Exercices à faire une fois

L'aider à découvrir le vocabulaire des émotions

➤ Complète le tableau ci-dessous avec toutes les émotions que tu imagines pour ces personnages dans les circonstances suivantes.

Qu'ont-ils ressenti ?

Événement	Émotions ressenties
Thomas Edison mettant au point l'ampoule électrique après 10 000 essais	
Neil Armstrong mettant le pied sur la Lune	
Un élève qui vient d'obtenir un 0/20	
Une femme à l'instant de son premier accouchement	

Un homme (une femme) lors d'un premier rendez-vous amoureux	
Un médecin qui assiste pour la première fois à la mort de l'un de ses patients	
Barack Obama apprenant qu'il est élu président des États-Unis	

Nous devrions être médusés par l'ampleur et la sophistication du registre émotionnel humain ! Nous disposons d'une quantité phénoménale de mots et d'expressions pour rendre compte des différentes teintes de nos joies et de nos peines. Les mots et les autres formes d'expression de nos ressentis servent aussi à nous « dire » aux autres. Pour marquer la satisfaction, nous disposons d'une variété de sentiments qui s'étendent du simple contentement à l'euphorie. Entre ces deux extrêmes, on rencontre le plaisir, la joie, le ravissement, la jouissance... Chaque émotion traduit un vécu différent en nature et en intensité, mais toutes nous indiquent notre degré de satisfaction. Pour marquer l'insatisfaction, il y a aussi une longue série d'émotions qui vont du simple mécontentement jusqu'à la rage et la douleur. Entre celles-ci, l'ennui, la tristesse, la déception, la mélancolie, la colère, etc. Chaque émotion, dans ce répertoire aussi, traduit un vécu différent en nature et en intensité, mais toujours reflétant l'insatisfaction.

➤ Dans un deuxième temps, utilise le schéma des ressentis ci-après pour compléter le tableau ci-dessus.

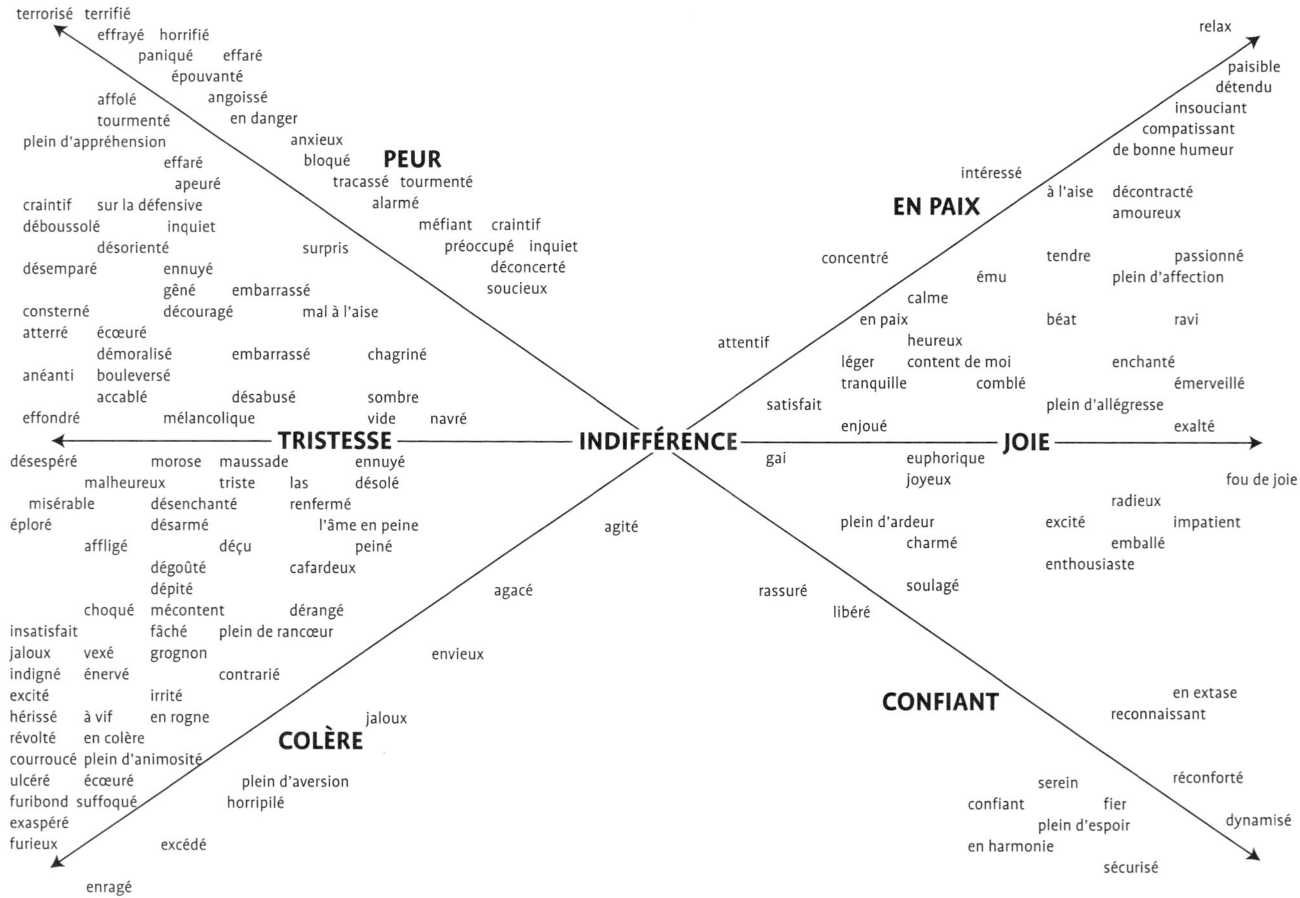
terrorisé terrifié
effrayé horrifié
paniqué effaré
épouvanté
affolé angoissé
tourmenté en danger
plein d'appréhension anxieux
effaré bloqué
PEUR
apeuré
tracassé tourmenté
craintif sur la défensive alarmé
déboussolé inquiet
méfiant craintif
désorienté surpris
préoccupé inquiet
désemparé ennuyé
déconcerté
gêné embarrassé
soucieux
consterné découragé mal à l'aise
atterré écœuré
démoralisé embarrassé chagriné
anéanti bouleversé
accablé désabusé sombre
effondré mélancolique vide navré
TRISTESSE
INDIFFÉRENCE
JOIE
désespéré morose maussade ennuyé
malheureux triste las désolé
misérable désenchanté renfermé
éploré désarmé l'âme en peine
affligé déçu peiné
dégoûté cafardeux
dépité
choqué mécontent dérangé
insatisfait fâché plein de rancœur
jaloux vexé grognon
indigné énervé contrarié
excité irrité
hérissé à vif en rogne
révolté en colère
COLÈRE
jaloux
courroucé plein d'animosité
ulcéré écœuré plein d'aversion
furibond suffoqué horripilé
exaspéré
furieux excédé
enragé
agité
agacé
envieux
relax
paisible
détendu
insouciant
compatissant
de bonne humeur
intéressé
EN PAIX
à l'aise décontracté
amoureux
concentré
tendre passionné
ému plein d'affection
calme
en paix béat ravi
attentif
heureux
léger content de moi enchanté
tranquille comblé émerveillé
satisfait plein d'allégresse
enjoué exalté
gai euphorique
joyeux fou de joie
radieux
plein d'ardeur excité impatient
charmé emballé
enthousiaste
soulagé
rassuré
libéré
CONFIANT
en extase
reconnaissant
réconforté
serein
confiant fier
plein d'espoir dynamisé
en harmonie
sécurisé

L'aider à prendre conscience que ses émotions lui permettent de comprendre ses besoins

En ce qui concerne les sensations physiques :

- Lorsque je ressens la faim, j'ai besoin de... nourriture.
- Lorsque je ressens l'envie de dormir, j'ai besoin de... sommeil.

➤ Selon les deux exemples ci-dessus, attribue aux **sensations psychologiques suivantes** un besoin.

- Lorsque je ressens de la peur, j'ai besoin de...
- Lorsque je sens de la colère, j'ai besoin de...
- Lorsque je ressens de la joie, j'ai besoin de...
- Lorsque je ressens de la tristesse, j'ai besoin de...

➤ À toi maintenant de créer tes propres « équations émotionnelles » !

Lorsque je ressens...

Liste non exhaustive des besoins

- Reconnaissance
- Respect, confiance
- Être entendu
- Être écouté
- Être compris
- Partage
- Protection
- Sécurité, être rassuré
- Liberté
- Indépendance
- Autonomie
- Être aimé(e) comme je suis
- Détente
- Amour
- Tendresse, câlins
- Réussite
- Rire
- Espace
- Limites
- Identité
- Repos
- Relaxation
- Spirituel (religion, expression artistique)
- Nature
- Prendre soin de moi

Les besoins révélés par les émotions sont à satisfaire pour rester confiant et garder forte sa motivation.

Je me sens... parce que j'ai besoin de...

Christiane Larabi, psychothérapeute et enseignante PNL, spécialisée dans les problèmes de confiance en soi et d'estime de soi, insiste dans son ouvrage *Aidez votre ado à avoir confiance en lui* (Interéditions, 2011) sur l'importance de dire souvent : **« Je me sens ou je ressens... parce que j'ai besoin de... »**

Par exemple :

- « Je me sens triste et en colère car j'ai besoin d'être écouté mais personne ne s'intéresse à moi. »
- « Je ressens de la fierté devant cette note car j'ai besoin de réussite et de reconnaissance. »

Ainsi, le jeune prend l'habitude de nommer et lier une émotion à un besoin enfoui, d'abord inconscient puis conscient.

Exercices à faire parfois

L'aider à prendre conscience de la mixité de ses émotions

- Quelles sont les émotions que je ressens le plus souvent en me réveillant ? en me couchant ?
- Qu'est-ce qu'elles me disent sur ma vie ? Y a-t-il des changements, des aménagements à faire pour ressentir davantage d'émotions agréables ?

On peut reprendre le tableau des ressentis pour prendre conscience de **la mixité des émotions.**

Si je ressens de la jalousie, je sens à la fois de la tristesse et de la colère.

Si je ressens de l'enthousiasme, je sens un mélange de joie et de confiance.

Si je ressens de la colère, je sens un mélange de...

Exercices à faire au quotidien

L'aider à prendre conscience des moments agréables ou désagréables de sa journée

Il est important de prendre conscience des **moments agréables** ou **désagréables que nous vivons ;** d'exprimer ses émotions ; cela pour mieux en profiter ou comprendre d'où vient notre mal-être.

- Quel a été le moment, la situation, l'événement le plus marquant (de ces dernières heures, de cette journée...) ?
- Quelles émotions ai-je ressenties ?

Prenons l'habitude de dire comme Christiane Larabi : « Je me sens ou je ressens... parce que j'ai besoin de... »

Pour s'aider, on peut utiliser la liste des ressentis et des besoins.

	lundi	**mardi**	**mercredi**	**jeudi**	**vendredi**	**samedi**	**dimanche**
Événement							
Émotions							
Besoins							

PAROLES DE PARENT

La maman de Gaspard a beaucoup apprécié le travail effectué avec TOJ et continue à l'appliquer à la maison. « De notre côté, en tant que parents, et à la suite de notre entretien-bilan, nous comprenons mieux comment soutenir Gaspard et répondre à son besoin d'être sécurisé. »

Les bénéfices de l'index

Avec l'index, **le jeune décharge son état émotionnel.** Si c'est un bon souvenir qui revient en mémoire, on insiste pour le valoriser et même l'apprécier une seconde fois en se remettant dans la situation ; si, au contraire, il s'agit d'un mauvais souvenir, en reconnaissant les émotions on nomme les besoins non satisfaits auxquels on répondra **avec l'annulaire.**

PAROLES DE JEUNE

Marie, 15 ans, nous donne ce témoignage de sa pratique de l'index : « Suivant mon état émotionnel en revenant de cours, je m'octroie à la maison un plus ou moins grand temps de détente. Quand la journée s'est bien passée et que je suis enjouée, j'ai simplement besoin d'un bon goûter et de dix minutes au piano. En revanche, si je suis dépitée, par une mauvaise note ou pire, très en colère contre quelqu'un (prof ou ami), j'ai besoin de me défouler. J'enfourche alors ma bicyclette et je pars me promener avec mon chien. Je réponds alors à mes besoins de détente, d'évasion et de gaieté. »

Avec l'index, le jeune prend conscience que les émotions qu'il ressent le plus fortement font émerger les besoins, forts ou non, correspondant à ses « valeurs » **que l'on traitera avec le majeur.**

PAROLES DE JEUNE

Antoine a découvert l'importance du travail sur les émotions *via* un stage TOJ ; ils étaient huit jeunes adolescents entre 14 et 17 ans et ils débattaient avec fougue sur un sujet. L'animateur du stage leur a demandé de s'arrêter et à chacun de dire ce qu'il ressentait à cet instant T, et d'oser exprimer les besoins, satisfaits ou non, cachés derrière leur état émotionnel. L'une des jeunes, Virginie, était en train d'insulter Antoine, qui lui répondait tout aussi crûment. Virginie a pris conscience de son besoin d'être entendue et écoutée ; et Antoine de son profond besoin de respect. Alors ils ont repris le débat sur un autre ton. Antoine a compris ce jour-là que savoir exprimer son ressenti et ses besoins lui permettait de s'affirmer sans conflit.

Partie 2

FAIRE LE POINT

Chapitre 3

Le majeur

Je reconnais mes qualités, mes valeurs, ce que j'ai de plus grand en moi

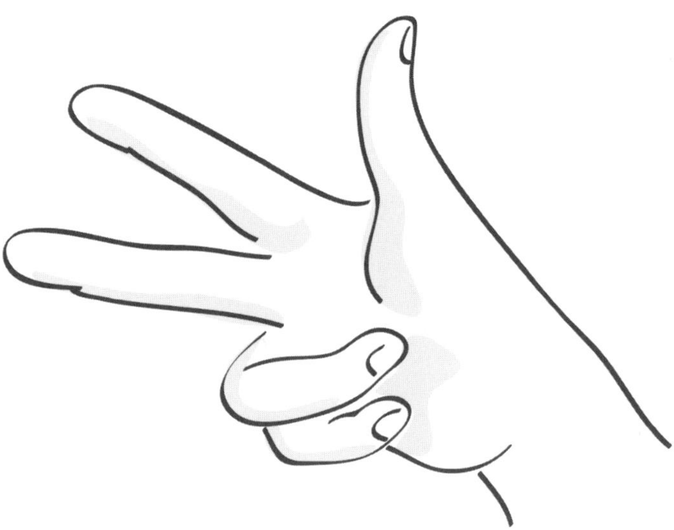

« Connais-toi toi-même. »

Socrate

Les principes

Doigt du milieu de la main, le majeur est aussi le plus long. Sorte de tour de contrôle de la main, il agit comme le sage qui domine la nuée. Être majeur, n'est-ce pas dans la langue courante être considéré par la loi et par le droit comme capable de s'assumer, de se prendre en main ? Dans la mnémotechnique de la main®, après avoir pris conscience de ses émotions et de ses besoins avec l'index, le jeune se redresse avec le majeur pour voir plus loin. En reconnaissant ses capacités et ses qualités, il renforce son sentiment de confiance de lui et sa motivation.

Je suis unique

L'estime de soi est un besoin inhérent à l'être humain, essentiel à sa santé et lui permettant de développer capacités et qualités pour mieux s'épanouir. À l'inverse, le manque d'estime de soi est source de problèmes dans la relation avec les autres car il engendre timidité, agressivité, attitude défensive, susceptibilité ou prétention, suffisance, orgueil... en résumé des attitudes peu propices à une relation facile et constructive avec soi-même et les autres.

Pour aider le jeune à avoir confiance en lui, **croyez vous-même en lui.** Pour s'accepter, il faut d'abord **reconnaître ses qualités et ses capacités,** c'est-à-dire pratiquer l'acceptation de soi.

Savoir les écouter

Rien de plus précieux pour nos jeunes et la fondation de leur confiance en eux que de se sentir écoutés. Écoutés par leurs amis, leurs frères et sœurs et leurs parents bien sûr ! Comment concilier autorité avec écoute et compréhension de son enfant ?

Évitons toutefois de nous comporter selon le négatif des cinq attitudes répertoriées par Porter.

Les attitudes de Porter

Psychologue ayant effectué des recherches sur nos attitudes en termes d'écoute, **Elias Hull Porter** a opposé la « compréhension », c'est-à-dire **l'écoute active** à **cinq autres attitudes spontanées** qui peuvent nuire à l'éclosion d'une écoute authentique.

1. L'écoute évaluative

- Au négatif : « C'est nul ce que tu dis » peut rabaisser.
- Au positif : « J'adore ce que tu dis » peut conditionner le jeune dans un système de soumission surtout si c'est une attitude répétée.

Le parent se pose en censeur, en imposant son point de vue. Il approuve ou désapprouve. « J'estime que... », « À mon avis... »

2. L'écoute interprétative

- Au négatif, elle peut conduire au blocage.
- Au positif, nous comprenons trop bien notre jeune, ce qui risque de le bloquer car une telle attitude crée une soumission, une relation de dépendance. L'autre en connaît trop sur moi, je ne peux pas risquer de le décevoir.

Le parent pense à la place de l'autre, il distord ce que dit l'autre pour le faire rentrer dans son cadre de référence. Il peut expliquer à son interlocuteur son cas : « Vous dites ça, je sais pourquoi... »

3. L'écoute-soutien

- Au négatif : « Tu ne vas pas te mettre dans tous tes états pour si peu ! »
- Au positif : « Ce qui t'arrive, ce n'est rien, je vais t'aider. »

Le parent compatit en adoptant une attitude maternante. Il souhaite consoler ou encourager son enfant mais sans chercher à savoir ce que l'autre veut réellement.

4. L'écoute-solution

- Au négatif : « Y a qu'à… faut que… »
- Au positif : « Moi à ta place, je… »

Le parent décide de ce que le jeune doit faire. Il lui impose une solution autoritaire et le guide par des conseils et des solutions.

5. L'écoute-enquête

- Au négatif, c'est l'écoute inquisitrice.
- Au positif, c'est l'intérêt pour l'information plus que pour la personne.

Le parent pratique le questionnement systématique. Il pose des questions pour faire préciser tel ou tel point qui l'intéresse lui et oriente le jeune dans un sens potentiellement différent du sien.

La compréhension ou l'écoute active

Une règle d'or : j'accepte l'autre dans l'état dans lequel il se trouve.

- Je considère que l'autre a (sa) raison.
- Je ne l'évalue pas.

Le parent écoute le jeune, attend que ce dernier se soit exprimé. Il veut comprendre son problème et l'autorise à continuer. L'écoute active se fonde sur la reformulation d'idées émises précédemment par l'interlocuteur, lui signifiant qu'il a été entendu et compris. Elle préserve son autonomie et lui permet d'aller plus loin dans son expression. Les formules du type « D'après toi… » ou « Si j'ai bien compris… » sont les bienvenues !

L'expérience de Rosenthal

Méfions-nous de nos stéréotypes et de nos croyances qui risquent de fausser nos perceptions de telle sorte que ce que nous voyons dans notre enfant va le conditionner à le devenir.

Si nous pensons que notre enfant n'est pas très curieux, nous changeons notre propre attitude à son égard, à savoir que, découragés d'avance, nous ne lui proposons pas autant d'activités que nous le ferions si nous pensions qu'il avait l'esprit alerte. De la sorte, nous l'influençons : parce que nous ne le sollicitons pas, il va en effet se fermer à ce qui l'entoure ou exprimer de manière plus flagrante encore son manque de curiosité ! Ainsi il nous donne raison !

Ainsi en est-il de la statue créée par Pygmalion, roi de Chypre : une statue si belle que le sculpteur en tombe amoureux. Devant les tourments du pauvre homme, qui passe ses jours et ses nuits à couver sa création du regard, Aphrodite, la déesse de l'amour, lui donne vie !

Dans leur livre *Pygmalion in the Classroom*, Robert Rosenthal et Lenore Jacobson se sont souvenus de cette légende. Modelée selon le désir de son créateur, Galatée est devenue belle à force d'être regardée !

« Je pense donc tu es », voilà bien un cogito dont il faut se méfier. Toute prophétie auto-réalisatrice est dangereuse.

L'effet Pygmalion

Robert Rosenthal, psychologue américain et professeur à l'université de Californie à Riverside, a découvert **l'effet Pygmalion** en réalisant l'expérience suivante : après avoir constitué deux échantillons de rats au hasard, il prétend à un groupe de six étudiants que le groupe n° 1 comprend six rats sélectionnés d'une manière très sévère. Ils doivent donc s'attendre à des résultats exceptionnels de la part de ces animaux. Le professeur assène ensuite aux six autres étudiants que le groupe n° 2 n'a rien d'exceptionnel et que, à cause de déterminismes génétiques, il est fort probable que les bestioles aient du mal à trouver leur chemin dans le labyrinthe. Les résultats confirment les prédictions fantaisistes de Rosenthal : certains rats du groupe n° 2 n'ont même pas quitté la ligne de départ.

Après analyse, il s'avère que les étudiants qui croyaient que leurs rats étaient particulièrement intelligents leur ont manifesté de la sympathie, de la chaleur, de l'amitié ; inversement, les étudiants qui croyaient que leurs rats étaient stupides ne les ont pas entourés d'autant d'affection.

L'expérience est ensuite tentée de nouveau avec des enfants, à Oak School, aux États-Unis. Elle a démontré que les enseignants donnent de meilleures notes aux élèves qui leur ont été désignés comme brillants qu'aux élèves réputés médiocres. Pourtant l'attribution de la caractéristique « brillant » ou « médiocre » a été réalisée au hasard sans lien aucun avec les capacités réelles des élèves !

Les méthodes

Exercices à faire une fois

L'aider à lister ses traits de caractère

L'effet pervers du manque de confiance en soi, c'est qu'il exacerbe les défauts – que nous préférons nommer « limites » – et masque les qualités – autrement dit nos « forces ». Il est donc essentiel d'apprendre à remettre les premiers à leur place, en identifiant les seconds.

➤ Debout, au tableau ou face à une feuille blanche, **dresse la liste des capacités et qualités que tu te reconnais.** Pour cela, il existe plusieurs manières d'y parvenir :

- soit tu penses à toi dans ta vie de fils ou fille, de frère ou sœur, d'ami(e), d'étudiant(e)... et tu observes les capacités et les forces qui sont les tiennes ;
- soit tu listes tes forces et tes capacités physiques, comportementales, intellectuelles, relationnelles... que tu te reconnais.

Dans les deux cas, il est important de prendre le temps de noter à côté de chacune d'entre elles ce que cette capacité ou qualité t'a permis de réaliser jusqu'à aujourd'hui.

Par exemple, je suis dynamique. Cela me permet à la fois de participer aux tournois de mon club de tennis, d'être animateur dans un centre aéré, de préparer mon Bafa et de poursuivre ma classe de première S. Cette incarnation me révèle à moi-même d'autres qualités de sociabilité, de persévérance et de leadership. La liste s'allonge d'elle-même.

Mes qualités et mes capacités

➤ **Recherche par catégorie :** intellectuelle, physique, morale, sociale, comportementale...

➤ **Recherche par situation :** à la maison, en situation d'apprentissage ou de transmission, pendant les loisirs, les vacances, avec les amis...

Liste de mes qualités	Application dans ma vie
Je suis…	Dans quelle(s) circonstance(s) ai-je été… ?

Liste non exhaustive de qualités

- Adroit
- Attentif
- Attentionné
- Autonome
- Calme
- Capacité d'adaptation
- Confiant
- Costaud
- Courageux
- Créatif
- Cultivé
- Déterminé
- Discret
- Droit
- Drôle
- Dynamique
- Efficace
- Empathique
- Endurant
- Esprit d'analyse
- Esprit de synthèse
- Esprit d'équipe
- Esprit d'initiative
- Fidèle
- Franc
- Généreux
- Honnête
- Humble
- Imaginatif
- Indépendant

- Intelligent
- Inventif
- J'ai de l'allure
- J'ai du charme
- J'ai un beau regard
- J'ai un beau sourire
- Joyeux, enjoué
- Juste
- Motivé
- Optimiste
- Organisé
- Ouvert d'esprit
- Patient
- Persévérant
- Pratique
- Prévoyant
- Profond
- Raisonnable
- Rapide
- Réaliste
- Respectueux
- Responsable
- Rigoureux
- Sens de l'écoute
- Sens de l'humour
- Sensible
- Sentimental
- Sérieux
- Sociable
- Souple
- Souriant
- Spontané
- Sportif
- Sûr de soi
- Tendre
- Tolérant
- Volontaire

N'oublions pas le « dans certains cas » !

Dans certains cas, la timidité est un défaut ; dans d'autres, ce peut être une qualité. N'est-on pas plus sensible, plus réceptif à quelqu'un qui est « timide » ? Un trait de caractère devient un défaut ou nous limite quand nous en faisons mauvais usage !

Mes défauts et mes limites

Un défaut peut-être une qualité en excès. Ou une limite à sublimer, à dépasser.

Par exemple, si je suis inquiet, c'est que je suis aussi vigilant. C'est bon d'être vigilant, j'utilise cette qualité pour prendre connaissance des dangers éventuels, les évaluer, mais je m'empêche de prévoir le pire et de m'inquiéter.

➤ Prends ce que tu considères comme un défaut et réfléchis à ce qu'il peut t'apporter de bénéfique.

Si je suis..., c'est que je suis aussi...

Il est aussi important d'apprendre à voir les côtés « pile et face » d'un état.

À chaque défaut sont corrélées de nombreuses qualités. Le jeune qui est impatient peut être aussi rapide, vif, spontané... Ces traits de caractère, s'il les reconnaît comme vrais, seront à ajouter sur la première liste de ses qualités.

Les qualités de mes défauts

➤ Trouve les qualités sous-jacentes aux défauts suivants.

Impulsif	Dynamique Généreux Spontané Actif Créatif Enthousiaste Gai Cœur Réactif Énergique Extraverti Sensible	**Hypocrite**	Volontaire Rusé Ambitieux Adaptable Pragmatique Intéressé Diplomate	**Lent**	Posé Réfléchi Appliqué Perfectionniste Compréhensif Calme Réservé Rêveur Patient Sérieux
Méfiant	Prudent Réfléchi Sait anticiper Précautionneux Réservé Lucide Rigoureux Cartésien Réaliste Déterminé	**Têtu**	Obstiné Déterminé Endurant Volontaire Zélé Efficace Orgueilleux	**Égoïste**	Prend soin de lui Volontaire Précis Déterminé Ordonné

Débordé	Inventif Actif Dynamique Artiste Chaleureux Généreux Ouvert d'esprit Entreprenant Rêveur Créatif Passionné Instinctif	Renfermé	Réfléchi Introverti Observateur Indépendant Autonome Cérébral Imaginatif Calme Sage	Désordonné	Créatif Dynamique Enthousiaste Rapide Généreux Qui aime la réflexion, les tâches plus intellectuelles que matérielles

➤ Nomme **trois comportements que tu n'aimes pas chez toi,** et liste ce que cela te permet de faire. Déduis-en les qualités que tu peux en tirer.

Comportement que je n'apprécie pas	Ce que cela me permet de faire	Quelles qualités je peux en tirer

L'aider à avoir confiance en lui

Pour fixer la confiance en soi, par exemple, ou tout autre sentiment positif ressenti au moment d'une expérience valorisante, **on pratique le principe de l'ancrage. Une fois acquises, les ancres peuvent être une ressource à tout moment.**

➤ Je me souviens d'une expérience pendant laquelle j'ai ressenti de la confiance en moi. Ce n'est pas la peine d'avoir réussi un exploit mais simplement un fait pour lequel on est fier de soi.

L'ancrage

Avez-vous déjà entendu parler du chien de **Pavlov** ? C'est en étudiant les fonctions gastriques du chien que le physiologiste russe a découvert ce que l'on appelle aujourd'hui le « réflexe conditionnel » ou « réflexe de Pavlov ».

L'expérience est la suivante : au même moment que l'on présente à un chien affamé une belle portion de viande, on fait retentir une sonnette ; et on répète cette expérience plusieurs fois. Quelque temps plus tard, on ramène le chien sur le lieu de l'expérience, et on fait retentir la sonnette. Alors qu'il n'y a pourtant rien à manger, le chien se met à saliver ! Pavlov a ainsi « conditionné » le chien à saliver à l'écoute de la sonnette. C'est elle qui joue le rôle d'un **ancrage**.

Vous l'aurez compris, **le processus dit d'ancrage** est un processus simple et naturel qui consiste à associer un état interne (émotion, ressenti) à un stimulus externe qui toucherait au moins un des cinq sens (l'ouïe, la vue, l'odorat, le toucher, et le goût).

Ensuite la simple existence du stimulus suffit à faire revenir présent à l'esprit l'état recherché.

Alors... Pourquoi ne pourrions-nous pas nous conditionner pour qu'un stimulus unique provoque en nous un état émotionnel désiré ?

Phase d'ancrage

➤ Je peux fermer les yeux pour mieux me concentrer.

- Je vis cette expérience, j'entends ce qu'il y a à entendre, je ressens ce qu'il y a à ressentir, je revois ce qu'il y a à voir.
- Je ressens au fond de moi ce que j'ai ressenti lorsque j'ai réalisé cet acte.
- Je ressens au fond de moi la fierté, le contentement, l'estime, l'aisance, la confiance en moi...
- Lorsque je suis en contact avec ce sentiment agréable je ferme progressivement un de mes poings (le gauche si je suis droitier, le droit si je suis gaucher).
- Plus je ressens la fierté, le contentement, l'estime, l'aisance, la confiance, plus je ferme le poing.
- J'ouvre les yeux et regarde autour de moi.

Test

- Je referme les yeux, je ferme le poing. Qu'est-ce que je ressens ?

Si le sentiment de confiance en moi revient immédiatement, alors, à chaque fois que j'en ressentirai le besoin, je pourrai fermer le poing.

On peut faire ce même exercice pour différentes ancres comme les ancres de sécurité, de calme... **Plus une ancre est stimulée, plus elle est efficace.**

Par exemple, quand je vais penser à moi dans un hamac en Corse, je vais ressentir du calme et du repos.

Par ce procédé, le jeune acquiert un moyen de mettre à sa disposition de manière instantanée un état émotionnel agréable lui permettant de prendre le dessus quand une image, pensée ou ressentie désagréable apparaît !

L'accompagner dans la découverte de ses valeurs

Pour être soi-même, il faut apprendre à connaître et à respecter ses valeurs. Et il faut autant que possible éviter de s'imposer des règles de conduite qui vont à leur encontre.

Une valeur est un concept sur lequel nous mettrons un mot. Elles sont notre énergie ; elles alimentent notre force motrice, notre motivation qui nous permet d'atteindre nos buts et de faire de nos objectifs des réussites.

Ainsi Thomas veut obtenir 15 au contrôle de SVT. Cet objectif est en lien avec son but : passer en première S pour faire des études de médecine, afin de soulager les gens. Ce but sert directement ses valeurs « réussite », « santé » et « soutien » et c'est pourquoi, sa motivation étant profonde, il ira jusqu'au bout.

Plusieurs types d'exercices sont à la disposition du jeune qui veut découvrir ses valeurs :

- l'association entre certaines de ses idoles et les valeurs qu'elles incarnent à ses yeux ;
- la fiche-entonnoir ;
- le rêve éveillé.

Pour le monde de demain

- Fais deux vœux pour le monde de demain et énonce les valeurs que tu leur associes.

Mes deux vœux pour le monde de demain	**Les deux ou trois valeurs correspondantes**

Pour ma vie d'adulte

➤ Fais deux vœux pour toi jeune adulte et énonce les valeurs que tu leur associe.

Mes deux vœux pour ma vie d'adulte	Les deux ou trois valeurs correspondantes

Pour accompagner les jeunes vers la détermination de leurs valeurs, nous pouvons, une fois leurs vœux exprimés, les aider à trouver les valeurs qui y sont attachées **en s'aidant de la liste ci-contre.**

Valeurs

- Action
- Altruisme
- Ambition
- Amitié
- Amour
- Apparence physique
- Argent
- Audace
- Autonomie, indépendance
- Bien-être, plaisir
- Célébrité
- Communication - Compréhension
- Compétence
- Confiance
- Conformité
- Courage
- Créativité
- Culture - Connaissances
- Curiosité
- Dépassement de soi
- Devoir

- Écologie
- Efficacité, utilité
- Empathie, intérêt pour les autres
- Enthousiasme
- Équité, égalité
- Esthétique
- Harmonie, paix
- Honnêteté
- Humanité
- Humour
- Innovation, nouveauté
- Intelligence
- Intuition
- Jeu
- Joie
- Justice, respect des lois
- Liberté
- Nature
- Paix
- Partage, solidarité
- Pouvoir
- Professionnalisme, expertise
- Rapidité
- Respect
- Responsabilité, fiabilité
- Réussite
- Sagesse, savoir
- Santé
- Sens de l'effort, travail
- Soutien
- Spiritualité
- Tolérance
- Transmission
- Vérité

Les valeurs que j'associe à ceux que j'admire

- Cite le nom de deux personnes que tu admires et énonce les valeurs que tu leur associes.

Les deux personnes que j'admire le plus	Les deux valeurs correspondantes (en s'aidant de la liste)

PAROLES DE PRO

Ce questionnement n'est pas du tout innocent : une des premières fois où j'y ai eu recours, j'avais à ma table trois jeunes gens entre 15 et 17 ans. Je leur ai demandé de répondre avec la plus grande spontanéité à la question suivante : « Nommez deux personnes, vivantes ou non, de votre cercle intime ou non, que vous admirez. » Puis je leur ai demandé pourquoi ils les admiraient et d'en déduire les valeurs que ces personnages véhiculaient à leurs yeux. Ce fut pour eux-mêmes très révélateur : ils ont pris alors conscience de ce qu'ils recherchaient pour leur vie future, ce qui leur permettrait de vivre une vie humaine pleinement réussie. Kévin recherchait humour et intelligence, Jordan la réussite, l'innovation, l'art de la communication, la détermination, Thibault, volonté, amour, dépassement de soi et vitalité...

L'entonnoir

➤ Dresse **une liste avec tout ce qui te tient à cœur :** personnes, lieux, activités, sujets, objets... Ajoute tes rêves, tes aspirations, tes envies les plus farfelues en t'assurant que les valeurs que véhiculent les personnes que tu admires sont dans la liste finale.

Cette technique est une adaptation d'un outil de la PNL (voir chapitre suivant).

Dans la première colonne, liste de douze à quinze mots évoquant les personnes, les lieux, les activités, les objets, les sujets, ce que tu rêves d'avoir ou de faire au cours de ta vie, ce qui te semble le plus important pour toi actuellement.

Dans la deuxième colonne, pour chacun des douze à quinze mots, liste les bienfaits ou les avantages qu'ils te procurent ou pourraient te procurer. Tout mot correspondant à une personne, un lieu, une activité ou un objet est à rebasculer dans la première colonne.

Dans la troisième colonne, dresse une liste de tes valeurs, synthèse de la deuxième colonne.

Exemple de fiche-entonnoir

Personnes, lieux, activités et objets...	Quels bienfaits me procure cette personne, ce lieu, cette activité, cet objet ?	Valeurs
Famille	**Paix, amour**, rire	**Amour**
Amis	Rire, *partage*	Joie (rire)
Bavarder	**Amour**, *communication, partage*	*Communication*
Voyages	Connaissance, *communication,* découverte	Connaissance
Sport	Dépassement de soi, *esprit d'équipe*	Dépassement de soi

Valeurs	1	2	3	4	5	6	7	8	9	10	11	12	13	14	15
Amour	X	X	X	X											
Joie	X	X													
Communication															
Connaissance	X	X	X												
Dépassement de soi	X	X													

➤ Pour le tableau ci-dessus, prends la première valeur et compare-la à toutes les autres de la liste.

- En ce moment, qu'est-ce qui est le plus important pour moi, l'amour ou la joie ?
- Si c'est l'amour, coche la case de la première colonne sur la ligne de l'amour. Si c'est la joie, coche la case de la première colonne sur la ligne de la joie.
- Une fois terminée la comparaison de l'amour à toutes les autres valeurs, passe à la deuxième valeur de la liste, puis à la troisième, etc. Procède ainsi jusqu'à la dernière.

- Coche à chaque fois une case dans l'une des colonnes, toujours en remplissant les lignes vers la droite.
- Après cet exercice, demande-toi s'il a provoqué chez toi des surprises. Est-ce que certaines valeurs sont plus basses dans le classement ou mieux classées que tu ne t'y attendais ?

Personnes, lieux, activités, objets…	**Quels bienfaits me procure cette personne, ce lieu, cette activité, cet objet ?**	**Valeurs**

Valeurs	1	2	3	4	5	6	7	8	9	10	11	12	13	14	15

Le rêve éveillé

Le rêve éveillé dirigé (RED) est une méthode thérapeutique élaborée par Robert Desoille dans les années 1930.

Un rêve éveillé est caractérisé par **trois critères dits des « 3 V ».**

- **Voir,** il s'agit pour le jeune de rendre présent quelque chose (le monde de demain : paysage, animal, personnage, objet, etc., se voir dans ce monde).
- **Vivre,** le jeune y vit des sentiments et des émotions. Cela distingue le rêve éveillé des méthodes projectives.
- **Verbaliser,** le jeune décrit tout ce qu'il vit et voit au fil de son rêve éveillé.

Ensuite, le rêve éveillé fait l'objet d'un travail d'association avec les symboles qui y sont apparus.

Ainsi, le jeune va se révéler à lui-même ce à quoi il tient le plus, ses valeurs.

Exemple de rêve éveillé

Le jeune est invité à produire un **scénario de type onirique** qu'il nous décrit. Nous le notons au fur et à mesure.

Tu t'installes confortablement dans ton siège, tu fermes les yeux. Tu poses tes mains sur tes genoux.

Tu sens les appuis de tes cuisses sur le siège, de ton dos sur le dossier, de tes pieds bien à plat sur le sol. Tu relâches un à un tous tes muscles y compris ceux de tes mâchoires.

Tu te concentres sur les bruits autour de toi... puis sur le bruit que fait ton cœur dans ta poitrine.

Enfin tu prends conscience de ta respiration qui a un rythme de plus en plus lent.

Tu choisis un endroit où tu aimes te promener. Tu marches sur ce chemin, cette route dans la direction du futur.

Au fur et à mesure que tu avances tu découvres un paysage que tu ne connais pas encore. Laisse-toi aller à la découverte. Peu importe qu'il soit réaliste ou non.

En continuant de l'imaginer, décris-le comme tu aurais envie qu'il soit.

Y a-t-il des animaux ? D'autres espèces de vie ? Des humains ? Comment sont-ils ? Que font-ils ? Comment vivent-ils ?

Et toi dans ce monde ? Quel est ton rôle ? Quelle est ta participation pour rendre ce monde meilleur à tes yeux ?

Quels sont tes amis ? Que font-ils avec toi ? Es-tu marié ? As-tu des enfants ? Travailles-tu ? Quelle est ton activité ?

Après avoir écrit ou enregistré ce que le jeune a dit, nous l'aidons à trouver quelles valeurs il associe à ce rêve.

L'aider à découvrir son **chemin de réussite®**

La connaissance de notre processus de réussite nous permet de faire de nos objectifs des succès. Elle nous démontre que nous avons une capacité innée de parvenir au succès.

En comprenant notre processus de réussite, nous pourrons le mettre en œuvre à nouveau, quand nous en aurons besoin. Il nous appartiendra alors d'utiliser notre pouvoir créatif pour l'adapter au contexte, aux circonstances qui se présenteront.

Imaginons que Juliette ait réussi une nouvelle recette de cookies au chocolat cet après-midi. Pour la réaliser, elle reconnaît avoir été organisée, rigoureuse, imaginative, précise.

Quand elle analyse la réussite de cette recette :

- **Étape 1**. Je voulais réaliser cette nouvelle recette de cookies au chocolat cet après-midi.
- **Étape 2.** J'ai préparé tous les ingrédients qu'il me fallait, j'ai investi une heure et demie pour les courses et l'exécution de la recette, en prenant en compte le temps de cuisson.
- **Étape 3**. J'ai fait très attention à chaque étape pour ne pas rater la recette. J'ai refusé de répondre au téléphone, j'ai surveillé la cuisson...
- **Étape 4**. J'avais vraiment envie de réussir cette recette pour offrir ces cookies à mes amis. Cette action est en lien avec ma valeur partage ou ma valeur bien-être...

Volonté, organisation, concentration, motivation ont été les étapes de la réussite de Juliette dans cette activité. Elle peut transférer ce processus à d'autres activités dans d'autres domaines : dans le sport lors d'un match de tennis, dans ses révisions scolaires...

Je prends conscience que les différentes étapes du déroulement de cette réussite peuvent être appliquées à d'autres activités dans d'autres domaines.

Étape 1. Volonté

Je choisis précisément ce que je veux faire, je me fixe un objectif **MALIN** : **M**esurable, précis, concret – **A**tteignable, réaliste mais **A**mbitieux – **L**imité dans le temps et en quantité – **IN**dividuel, qui dépend de moi.

Étape 2. Organisation

Je prends les moyens et je planifie mon temps.

Étape 3. Concentration

Je reste focalisé sur mon objectif sans me laisser distraire et j'ajuste les moyens si nécessaire.

Étape 4. Motivation

Je repense à ce que je veux faire (objectif) pour obtenir ce que je me suis fixé (but), et je m'assure que cela sert une ou plusieurs de mes valeurs.

Plus on maîtrise son processus de réussite, plus on augmente ses chances de réussite, et plus on augmente sa confiance en soi. Plus j'applique ma démarche de réussite en suivant précisément son déroulement, plus elle devient automatique ; je gagne du temps et de l'énergie.

Exercices à faire parfois

Lui faire lister l'expression de ses valeurs aujourd'hui

➤ Pour mes cinq ou six premières valeurs, je note comment je tente de les vivre en pratique.

Valeurs	Comment est-ce que je mets en pratique mes valeurs dans ma vie quotidienne ?

Il est nécessaire de prendre conscience qu'il ne faut jamais abandonner ses valeurs par crainte d'être profondément malheureux. En revanche, chaque action qui permet de servir une de nos valeurs nous fortifie et nous rend libre. **Ne jamais transiger avec ses valeurs, voilà le secret de l'estime de soi !**

➤ Je trouve un exemple de négation d'une de mes valeurs…

Qu'ai-je ressenti ?

➤ Je trouve un exemple d'affirmation d'une de mes valeurs…

Qu'ai-je ressenti ?

Valeurs	Comment les servir ?
Nature	Inscrire mon enfant aux scouts, dans un club de sport, programmer dans le week-end une balade au parc de…, inviter mon enfant à planter ciboulette et cerfeuil sur le balcon, etc.
Esthétique, beau	Choisir des vêtements originaux, l'emmener voir une expo, écouter un concert, lui proposer de pratiquer modelage, musique, dessin, l'abonner à une revue de design, etc.
Santé	Lui apprendre à prendre soin de sa nourriture, trouver un sport qui corresponde à sa morphologie, etc.
Indépendance	Le laisser faire du char à voile avec ses cousins, lui permettre d'organiser sa virée en Corse entre amis l'été prochain, l'inviter à choisir un menu pour la famille une fois par semaine, lui proposer d'organiser la sortie du samedi soir, etc.

Rendre son enfant unique

Derrière ses défauts, des qualités…

Derrière le désordonné, un créatif, quelqu'un de très généreux qui ne sait pas dire non. Quelqu'un de joyeux qui aime la vie.

Prendre le temps de retrouver ses qualités et ses défauts va commencer à le rendre unique à nos yeux, incomparable. Il n'est pas à comparer, à personne, ni à nous, ni à ses frères et sœurs.

Découvrir les ressorts de sa motivation

On fonctionne tous différemment ; ce n'est pas toujours facile d'accepter les ressorts de la motivation de son enfant… Pas forcément comme nous.

Au cœur de la motivation, ce sont SES VALEURS qui priment, ce qui a du prix à ses yeux. Ce qui fera qu'il continuera l'action qu'il a démarrée, c'est qu'il servira ses valeurs.

Exercices à faire au quotidien

Lui faire prendre conscience des qualités développées dans sa journée

En se questionnant sur les qualités que le jeune se reconnaît chaque jour, il ressent pleinement le bien-être que lui procure cette remise en mémoire consciente et volontaire.

Plus on se connaît, plus on s'aime !

Tous les jours, je me pose ces deux questions :

- Quels sont les succès de ma journée ?
- Quels sont les compliments que j'ai reçus aujourd'hui ?

J'en déduis les qualités que j'ai démontrées aujourd'hui.

Imaginons le retour de Constantin à la maison. Joyeux, il a réussi un saut en hauteur de 1,30 mètre. À la question « quelles sont les qualités que j'ai démontrées aujourd'hui », Constantin reconnaît qu'il a été déterminé, endurant, malgré sa douleur au mollet, et optimiste. Constantin sait que toutes ces qualités, aussi insignifiantes qu'elles puissent paraître, ont été développées aujourd'hui.

Les jours où le jeune n'a pas ressenti le besoin d'utiliser son « ancrage », il est utile afin que cet ancrage reste fort et à disposition aussi vite que nécessaire, que le jeune prenne un instant pour faire le geste qui est le sien et ressentir pleinement le sentiment associé.

Usage de l'ancrage au quotidien

Même les jours où il ne ressent pas le besoin d'utiliser son « ancrage », ce sentiment de fierté associé aux félicitations de son entourage est à sa disposition s'il doit le solliciter.

Au quotidien, le jeune se remémore ses valeurs et fait le lien avec ses émotions.

PAROLES DE JEUNE

Marie a 16 ans. « Incroyable ! Pour mon dernier contrôle de maths, au moment où le surveillant distribuait les sujets, c'est la première fois que je n'avais pas mal au ventre. Évidemment, je serrais mon poing sous la table depuis le moment où j'étais assise, en attendant de pouvoir lire le sujet. C'est bien ça l'ancrage ? »

Si Margaux est fortement en colère quand son amie lui ment, c'est parce que c'est l'une de ses valeurs premières (la vérité) qui est malmenée.

Quand Constantin ressent de la fierté d'avoir sauté 1,30 mètre, c'est sa valeur « dépassement de soi » qui est servie.

Les bénéfices du majeur

Avec le majeur, le jeune prend davantage confiance en lui. Il se connaît, il sait précisément quelles sont ses ressources à utiliser sans discontinuer (qualités, valeurs et ancrage).

Avec le majeur, le jeune a une plus juste estime de lui-même grâce à une meilleure connaissance de soi. Il fait la différence entre ce qu'il *est* et ce qu'il *fait*. Il peut donc se permettre d'oser ce qu'il *veut*.

Avec le majeur, le jeune renforce donc sa confiance en lui et sa motivation.

PAROLES DE JEUNE

Marc est étudiant à Sciences-Po. « Temp'O Jeunes et sa méthode m'ont permis de mieux me connaître, d'appréhender mes valeurs, mes qualités. C'est aussi un moyen de comprendre pourquoi on n'arrive pas à réussir certaines choses, pourquoi on se sent bien ou mal à l'aise. C'est une porte vers la réussite, ou plutôt un chemin. »

Chapitre 4

L'annulaire

Je fais alliance avec moi-même pour vaincre mes difficultés et me ménager un tremplin vers la réussite

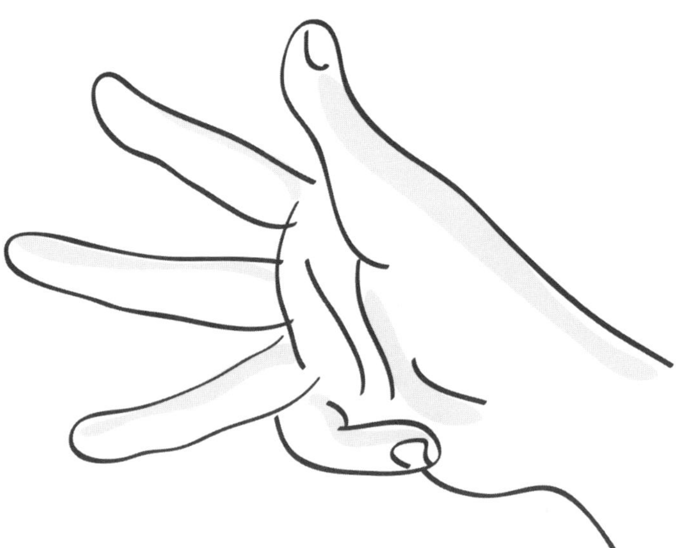

« Une seule option c'est ne pas avoir de choix. Deux options c'est un dilemme. Ce n'est qu'à partir de trois possibilités que la personne pourra vraiment choisir légitimement. »

Robert Dilts

Les principes

Quatrième doigt de la main, l'annulaire est un doigt de légende. Selon une croyance égyptienne, « une veine d'amour » traverse celui de la main gauche pour s'en aller tout droit au cœur. L'anneau qu'y glissent les mariés symbolise le lien entre eux, fait d'amour, de respect et de compréhension. Dans la mnémotechnique de la main, après avoir reconnu ses qualités et ses valeurs avec le majeur, le jeune fait alliance avec toute sa personne avec l'annulaire, en s'appuyant et sur ses points forts et sur ses faiblesses. En acceptant les multiples facettes de sa personnalité, il augmente la connaissance qu'il a de lui et donc son estime de soi.

L'analyse transactionnelle

Le monde est notre représentation. Nous vivons les événements de notre existence selon le prisme de notre point de vue. Ainsi, nous ne pouvons avoir qu'une perception limitée et personnelle d'une situation.

Sur le plan sensoriel et cognitif, les informations que nous percevons nous parviennent filtrées : nous ne voyons qu'une partie de la scène vécue, nous n'entendons pas tout...

L'analyse transactionnelle permet au jeune de prendre conscience de « ce qui se joue ici et maintenant » dans ses relations avec une autre personne ou dans un groupe.

Au moment où il parle ou agit, quel type de personne est-il le plus souvent ? Parent ? Enfant ? Adulte ?

Comment répond-il suivant celui qui lui parle ?

(P)	Parent
(A)	Adulte
(E)	Enfant

À quel Moi parles-tu ?

Dans les années 1950, le psychiatre américain **Eric Berne** cherche à développer un outil thérapeutique efficace et accessible à tous. Il met au point une théorie de la personnalité et de la communication qui postule différents états du Moi. En même temps, il étudie ce qui se joue sur le plan psychique lors des échanges interrelationnels nommés « transactions ». **L'analyse transactionnelle est née !**

Le concept de base de l'**analyse transactionnelle** est celui des **trois états du Moi**, formés au cours de la petite enfance et qui constituent la structure de toute personnalité : ce sont le Parent, l'Adulte et l'Enfant.

- L'état **Enfant** est celui d'où sont issus la créativité, le jeu, l'intuition, les pulsions et les sentiments. S'il peut être spontané, intuitif et créateur, l'Enfant peut aussi être capricieux, rebelle ou soumis.
- L'état **Parent** est responsable, réconfortant et protecteur. Il représente le sens éthique et les normes, ce qui constitue la base du respect de soi et d'autrui. Il est « civilisé », mais peut être critique, dévalorisant et contraignant.
- L'état **Adulte** sert de fonction équilibrante entre le Parent et l'Enfant, sachant quand lâcher du lest à l'un ou à l'autre. Il évalue, réfléchit et fonctionne de manière rationnelle en fonction de la situation du moment. L'état **Adulte** est un genre d'ordinateur : il n'est ni négatif ni positif.

Dans le cas d'un psychisme « idéal », chaque état occupe **la bonne place au bon moment**.

Les positions perceptuelles

Le modèle des positions perceptuelles offre de découvrir de nouveaux points de vue. Parmi l'infinité de choix de perspectives qui s'offrent à nous, la **PNL** en retient trois qui sont particulièrement intéressantes dans un cadre relationnel.

- **La première position :** la mienne, celle que je connais pour la vivre chaque jour.

- **La deuxième position :** celle de l'autre quelle que soit la personne, son point de vue, ce que la personne voit, entend, sent. J'adopte ses valeurs, ses croyances, ses émotions ; je me mets dans ses chaussures.
- **La troisième position :** celle de l'observateur. Je vis la scène comme un observateur extérieur à ce qui se déroule ; je me vois et je vois l'autre avec les sensations neutres d'un observateur coupé des enjeux en place.

La PNL

La Programmation neuro-linguisitique, plus connue sous son acronyme PNL, a été développée par deux Californiens dans les années 1970 : le linguiste **John Griner** et le mathématicien **Richard Bandler.**

Le concept

« Programmation » : tels des ordinateurs, nous sommes programmés avec des séquences qui se reproduisent et qui régissent nos modes de fonctionnement. La PNL a pour objectif de diversifier et de rendre plus efficaces nos programmes.

« Neuro » correspond à nos modes de perception sensorielle et classifie nos émissions et réceptions *via* nos cinq sens : la vue, l'ouïe, le toucher, l'odorat et le goût.

Exemple : « J'entends ce que tu dis », « Je vois une solution possible », « Nous touchons au but »...

« Linguistique » correspond à la manière d'utiliser nos sens dans le langage.

La PNL propose ainsi **une réflexion sur la façon dont chacun se situe dans son environnement.** Nous créons tous notre propre « carte du monde ». Mais pour reprendre l'un des grands axiomes de la PNL, « notre carte n'est pas le territoire » sur lequel nous évoluons, mais simplement une représentation subjective. En théorie nous sommes conscients de ce décalage, mais nous l'oublions souvent dans le flot de l'action.

Les outils de la PNL permettent d'établir une meilleure communication en comprenant notre propre mode de fonctionnement et celui de notre interlocuteur.

L'intention positive

En PNL, tout comportement est considéré comme animé d'une « intention positive ».

Ainsi faut-il distinguer l'individu de son comportement, c'est-à-dire séparer l'intention, la fonction, la croyance à l'origine du comportement et sa manifestation.

Ainsi reconsidérer une situation pénible permet de prendre du recul, de dédramatiser. Rechercher *l'intention positive d'un comportement* permet de l'apprécier différemment. Le mécanisme est le suivant :

1. Je perçois une situation.
2. J'interprète, j'attribue un sens.
3. Je ressens une émotion.
4. J'agis ou je dis, c'est mon comportement.

Nous sommes donc responsables de notre comportement et pouvons le faire évoluer : si nous changeons notre interprétation d'un événement, alors nous faisons barrage à des pensées automatiques qui entraînent une émotion systématique, et donc nous changeons de comportement. C'est toute une rééducation de nous-mêmes qui nous est proposée.

PAROLES DE PRO

Faire confiance à son enfant, c'est d'abord le comprendre. Le comprendre avant tout jugement de ses comportements. Pour ce faire, nous allons partir en quête, dissimulée derrière ses actions, de l'intention positive qui les régit. Ainsi, derrière l'action pas forcément bonne, il y a toujours une bonne raison. Votre jeune fume... Il fume pourquoi ? Pour se détendre ? Il a donc besoin de souffler. Pour souffler ? Il a donc besoin de temps pour lui. Pour être intégré ? Il a donc besoin d'être aimé.

Ce n'est qu'après avoir identifié la bonne raison derrière un comportement déplaisant qu'on parviendra à faire évoluer le jeune.

Cette méthode **permet de ne pas mélanger l'être et le faire.**

Les méthodes

Exercices à faire une fois

L'aider à percevoir le monde qui l'entoure

L'acronyme V.A.K.O.G. regroupe les cinq systèmes de représentation ou les cinq sens par lesquels l'humain peut recevoir de l'information du monde extérieur : la Vision, l'Audition, la Kinesthésie, l'Olfaction et la Gustation.

Toute expérience est construite à partir de ce système de représentation.

Pour développer sa présence à l'instant présent, sa responsabilité de perception d'une situation, aider le jeune à prêter attention aux informations qui lui parviennent à la fois du monde qui l'entoure et de lui-même.

Pendant cinq minutes, en continu, prononcez cette phrase : « Tout de suite, je prends conscience que... »

- Tout de suite, je prends conscience que des voitures passent.
- Tout de suite, je prends conscience que l'endroit où je suis sent l'odeur de la frite.
- Tout de suite, je prends conscience que j'ai chaud et que mes mains sont moites.
- Tout de suite, je prends conscience que je ressens de l'agacement.
- Tout de suite, je prends conscience qu'un enfant crie.
- Etc.

Pour être davantage responsable du sens que le jeune attribue à ce qu'il perçoit, pour qu'il prenne conscience que c'est son interprétation, on peut lui proposer de résoudre l'énigme suivante.

Un jour, Marcel Trouyard se trouve dans sa voiture qui est à l'arrêt. Là, il voit une personne arriver avec un tournevis à la main et rayer tout le côté de droit de sa voiture. Marcel Trouyard ne réagit pas. **Pourquoi d'après toi ?**

Il n'y a pas de bonne solution !

- Pour une première personne, le prénom de Marcel fait penser à quelqu'un d'un âge avancé, qui en conséquence ne se sentirait pas assez fort pour risquer de se battre.
- Pour une deuxième, le nom de Trouyard fait immédiatement penser à une personne qui a peur.
- Pour une troisième, Marcel Trouyard n'est peut-être qu'un bébé qui ne sait pas encore parler.
- Ainsi de suite...

Cette énigme permet au jeune de prendre conscience que nous interprétons les situations que nous vivons selon de nombreux paramètres desquels nous ne sommes pas tous conscients : non seulement suivant ce que nous connaissons de la vie, de notre éducation, de notre religion, de notre histoire personnelle.

Suivant l'interprétation ou l'idée que nous faisons d'une situation, nous ressentons des émotions très différentes.

Pour que le jeune assume ce qu'il ressent, dans l'exemple précédent, on peut aider le jeune à nommer les émotions ressenties par :

- La personne N° 1 : ....
- La personne N° 2 :..
- La personne N° 3 :..

La liste non exhaustive pourrait être : compassion, pitié, peur, colère, mépris, inquiétude, amusement... On peut se reporter pour cela à la liste des ressentis **dans le chapitre précédent.**

Le responsabiliser

« C'est pas ma faute ! » La rengaine est connue. Pour que le jeune comprenne qu'il est toujours responsable de ce qu'il fait plutôt que d'attendre passivement que les choses se passent ou de reporter sa responsabilité sur l'autre ou le hasard, proposez-lui ce petit exercice.

- Trouve un comportement que tu n'apprécies pas chez toi.

Par exemple, « Je fume », « Je me ronge les ongles », « Je mange trop vite », « Je hurle très facilement pour montrer mon mécontentement »...

➤ Cherche la bonne raison à ce comportement en réalisant qu'il est voulu par une part de toi-même, aussi infime soit-elle.

Quand je fume, je souffle, je retrouve du calme, je m'occupe de moi, je me fais du bien.

Quand je ronge mes ongles, je m'occupe, je combats l'ennui, et aussi l'inquiétude ou l'impatience.

Quand je me mets en colère, que je hurle et que je claque les portes, je me fais entendre, je me soulage, j'évacue le trop-plein, je me respecte, je m'affirme.

➤ Essaie de trouver deux ou trois comportements que tu préférerais avoir pour répondre à cette bonne raison.

Au lieu de fumer : j'apprends la respiration ventrale, je souffle consciemment trois fois par heure, je fais du Pilates, je pratique la marche rapide...

Au lieu de me ronger les ongles : je pratique le tricot, le modelage, je bois un verre d'eau...

Au lieu de me mettre en colère : j'exprime mes émotions dès que je les ressens, je m'autorise à dire « non », je demande directement ce dont j'ai besoin...

Exercices à faire parfois

Lui apprendre à reconsidérer une situation désagréable

Si parmi les souvenirs de la journée que le jeune a pointés à l'**index,** l'un d'entre eux est désagréable, deux démarches sont alors possibles pour changer de perception.

➤ **Revis** la situation de ton point de vue comme tu l'as vécue. Prends conscience de ce que tu as vu, entendu, de ton dialogue intérieur, de ce qui est important pour toi à ce moment. Quelles sont les valeurs que tu défends ? En quoi le point de vue ou l'attitude de l'autre ne cadre pas avec ce que tu penses, ce que tu crois...

- **Place-toi** dans la peau de l'autre. Attention, il ne suffit pas de te mettre à sa place. Comme un acteur, tu dois entrer dans la peau du personnage. C'est un rôle de composition ! Tu sauras que tu y es arrivé si tu parviens à simuler le comportement de l'autre, à parler avec ses mots...
  - Découvre ce que tu dois croire pour arriver à agir ainsi, quelles valeurs sont importantes...
  - Reviens ici et maintenant. Déjà tu as une perception différente de la même situation. Mais n'en restons pas là, passons à la troisième position.
- **Place-toi** dans la troisième position. Pars d'un point de vue extérieur, imagine que tu es une caméra qui filme la situation. Tu vois « toi » et l'autre à distance. Ton ressenti doit être neutre. Si tu sens une émotion, vérifie que tu n'es pas « contaminé » par la première ou la deuxième position.
  - Écoute les paroles qui s'échangent, observe les gestes, les attitudes, le ton de la voix, les intonations...
  - Quand tu as la sensation d'en avoir assez découvert, reviens ici et maintenant.

Qu'as-tu découvert ? Cela t'aide-t-il à relativiser la situation ? Aurais-tu agi différemment ? Qu'aurais-tu voulu dire d'autre ou autrement ?

Je peux me mettre à la place de l'autre et en position neutre : je raconte, je dessine ou j'écris à la première personne ce qui s'est passé, comment je l'ai vécu, ce que j'ai ressenti, ce que j'ai dit, ce que j'ai fait. **Moi :** « ... »

Maintenant, si cela implique une deuxième personne, je le raconte, le dessine ou l'écris en me mettant à la place de l'autre ; je retrouve ses paroles, ses gestes, ses attitudes. **L'autre :** « ... »

Et enfin je raconte je dessine ou j'écris la même situation comme le ferait une caméra qui filmerait les autres, les événements dans leur vraie dimension, dans leur perspective, juste en s'accrochant à des faits et non à des sentiments. **Les faits sont :** « ... »

Prenons deux exemples pour illustrer des situations courantes auxquelles le jeune est confronté et qu'il doit apprendre à surmonter.

Pierre attend en classe la remise de sa copie ; il a 18. Son professeur lui rend sa copie sans pour autant le féliciter.

À la maison, **Maëva** interpelle sa mère qui, le nez dans le frigo, cherche de quoi préparer le dîner : « Samedi, c'est l'anniversaire d'Elodie, ma meilleure amie, est-ce que je peux rentrer à 1 heure plutôt qu'à minuit ? » La maman soupire et répond : « On verra. » Maëva s'enferme dans sa chambre en claquant la porte.

Dans ces deux exemples, qu'il se sente abaissé ou que l'on fasse peu de cas de son attente, la PNL nous apprend que le jeune a besoin, pour progresser, **de reconsidérer la situation.** Cela afin de trouver l'intention positive, nécessairement présente, du comportement de chacun.

L'exemple de Pierre

Pierre se raconte la scène. **Pierre :** « Je suis assis au dernier rang, près du radiateur. Comme d'habitude le prof rend ses copies dans l'ordre du classement en circulant parmi les tables. Ma voisine est très bonne en maths, elle a donc très bien réussi son contrôle... J'attends impatiemment que le prof me nomme.

Ça y est, c'est mon tour. Je suis trop content, j'ai enfin 18. Je suis vexé que le prof ne me félicite pas. Il pourrait au moins se rendre compte que j'ai travaillé. »

Pierre se met à la place de son professeur et raconte la scène de son point de vue. **Le professeur :** « Je commence à rendre les copies du contrôle ; je vais de l'un à l'autre et en arrivant devant Pierre, je lui rends sa copie sans un mot.. »

Pierre ne comprend pas immédiatement en rejouant la scène, la « bonne raison » du silence de son professeur ; en effet le professeur ne l'a pas félicité. Alors Pierre se met à la place de la caméra. **Les faits sont :** « Le professeur de mathématiques rend ses copies ; Pierre attend son tour en bavardant. Sa note est bonne et le professeur ne lui dit rien. » C'est seulement en étant à l'extérieur que Pierre s'aperçoit de l'agacement du professeur vis-à-vis de son bavardage, de son besoin de respect non satisfait. Il comprend alors le silence de son professeur et se dit que la prochaine fois, pour avoir un compliment, il commencera par se taire quand le professeur rendra les copies.

Je peux aussi me poser des questions pour prendre du recul.

Perception

Se pourrait-il qu'il y ait eu des éléments que je n'ai pas remarqués ?

Interprétation

Y a-t-il d'autres causes possibles ?

Y a-t-il d'autres conséquences possibles ?

Ressenti

M'est-il déjà arrivé de ressentir autre chose dans la même situation ?

Qu'est-ce qui me permettrait de ressentir autre chose ?

Action ou dire

Que se passerait-il si je ne faisais pas ou ne disais pas cela ?

Quel résultat voudrais-je ?

Que voudrais-je faire ou dire à la place ?

L'exemple de Maëva

Maëva se pose des questions pour prendre du recul, reconsidérer la situation avec sa mère ; voici ses réponses.

« Maman venait de rentrer du travail. Elle se dépêchait pour contenter les petits.

Sa journée a dû être fatigante, et en tout cas elle a été très longue.

J'aurais pu revenir plus tard pour lui parler de cette soirée ou lui demander à quel moment elle serait disponible. Cela aurait évité que Maman me réponde "on verra" et que je me sente rejetée. Je ne me serais pas mise en colère et n'aurais pas eu envie de claquer la porte.

Lorsque Maman m'a dit "on verra", cela ne signifiait pas "non" ; c'était juste qu'elle avait besoin d'y réfléchir à tête reposée. »

Les masques

Avec cet outil, le jeune prend conscience des **comportements croisés :** mon comportement est lié à celui de l'autre et inversement.

Le Bagarreur, le Sage, Celui qui participe, le Bavard, le Timide, le Contre, le Roupilleur, le Grand Seigneur, le Rusé.

J'observe attentivement tous ces personnages.

- Est-ce que je me reconnais ? Quel est le masque que je porte le plus souvent en cours ?
- Je ne porte pas toujours le même masque, j'ai différents comportements selon les circonstances.
- Quel masque est-ce que j'emprunte avec mon père, ma mère, mon professeur préféré, mon ami(e), une personne que je n'apprécie pas ?
- Quelles sont, selon moi, les caractéristiques pour chacun de ces masques ?

Par exemple, le Bagarreur cherche la querelle.

Le Sage

Celui qui participe

Le Bavard

Le Timide

Le Contre

Le Roupilleur

Le Grand Seigneur

Le Rusé

Démasqués

Le Sage… fait preuve de sûreté dans ses jugements et sa conduite.

Celui qui participe… sait et aime partager ses connaissances.

Le Bavard… aime parler.

Le Timide… manque d'assurance, d'audace.

Le Contre… s'oppose aux idées, aux propositions ou aux personnes.

Le Roupilleur… ne s'intéresse apparemment pas à ce qui se passe.

Le Grand Seigneur… a un abord difficile, arrogant.

Le Rusé… a un comportement astucieux, malin, retors.

Modifier ses réactions ou son comportement est d'autant plus difficile que le masque que nous adoptons est induit en partie par le comportement de l'autre.

Et si une relation juste et efficace pour le jeune passait tout simplement par le bon choix des mots et de ses attitudes selon la situation dans laquelle il se trouve ?

À l'école

Faites l'expérience de la lecture d'un bulletin ; à l'appréciation écrite, on peut imaginer quel a été le comportement du jeune pendant le trimestre écoulé.

Quels sont les masques que les professeurs et adultes préfèrent au moment où ils me transmettent une information ?

Afin de répondre à ses besoins d'écoute, de compréhension, de respect, le professeur souhaite que chaque élève ait les comportements du sage et de celui qui participe.

Quand le jeune s'éloigne de ces comportements, il provoque chez le professeur une réaction de bagarreur, de contre ou de grand seigneur. Les conséquences apparaîtront dans les appréciations du livret scolaire.

Nous, adultes et parents, pouvons aider le jeune en ayant le comportement le plus ajusté au masque qu'il porte.

- **Avec un bagarreur :** rester calme, ne pas se laisser entraîner, l'empêcher de monopoliser le débat, utiliser les moyens de travail collectif.
- **Avec un sage :** c'est une aide précieuse, lui faire apporter sa contribution.
- **Avec un enfant qui participe :** lui permettre de répondre aux questions pour maintenir un rythme enjoué.
- **Avec un bavard :** limiter son temps de parole.
- **Avec un timide :** lui poser des questions faciles, attirer son attention sur ce qu'il dit d'intéressant pour augmenter sa confiance en lui.
- **Avec un contre :** faire jouer son ambition, si possible utiliser ses connaissances et son expérience.
- **Avec un roupilleur :** l'interroger sur lui-même, l'amener à donner des exemples.
- **Avec un grand seigneur :** ne pas le critiquer, utiliser la technique du « oui mais... ».
- **Avec un rusé :** lui poser des questions en retour.

Avec cet exercice, le jeune prend aussi conscience que les autres ont comme lui plusieurs comportements et qu'il n'est pas souhaitable de les cataloguer.

Ceux que je perçois comme timides, sages, bagarreurs... ont aussi bien d'autres comportements !

- Je revois ou je repense à une personne (professeur, ami, parent...) que je viens d'étiqueter et je prends la décision de la voir ou la penser au-delà du masque.

Les six chapeaux de Bono

Quand le jeune ressent des émotions désagréables après un événement noté à l'index, que ce soit du ressentiment, de la colère ou du doute, il peut revisiter une situation, une décision prise par ses parents, un choix à faire, par cet exercice.

Quand nous voulons avoir suffisamment de recul sur une situation ou pour prendre une décision, on peut apprendre à faire objectivement le tour d'un sujet, à varier plus largement les points de vue, voire à penser différemment en s'aidant des chapeaux de Bono.

Le livre *Les Six Chapeaux de la réflexion* d'Edward de Bono (*Six Thinking Hats*) est un guide pratique pour apprendre à réfléchir en suivant une approche exploratoire selon six modes de pensée, symbolisés par six chapeaux de couleur différente. L'application des six modes de pensée assure le traitement d'un sujet, proposition, problème ou conflit sous plusieurs angles. Cet outil est à utiliser seul ou à plusieurs.

Les règles du jeu de cette méthode consistent à adopter un seul mode de pensée à la fois de façon à éviter toute confusion dans les idées ou opinions. Les avantages d'adopter le point de vue d'un seul chapeau à la fois consistent à concentrer sa capacité mentale sur un même problème et à orienter la réflexion dans une seule direction à la fois.

La séquence d'utilisation des différents chapeaux varie selon qu'il s'agit d'une recherche d'idée, d'une résolution de problème, du règlement d'un conflit ou d'une prise de décision.

L'idée de porter un chapeau permet de vivre l'expression suivante « l'habit ne fait pas le moine, mais il y contribue ». En effet, je vais penser pendant que je porte la couleur d'un chapeau précis, complètement comme ce chapeau, en osant aller au fond de ma pensée dans cette direction. Chacun des six chapeaux a donc sa couleur : blanc, rouge, noir, jaune, vert, bleu.

La couleur de chaque chapeau **est liée à sa fonction**.

Chapeau blanc : « Les faits sont les suivants »

Ce chapeau est neutre et objectif. Le chapeau blanc se rapporte aux données et aux faits objectifs. Il fonctionne comme un ordinateur. Il n'exprime pas d'opinion personnelle et ne tente aucune interprétation.

Chapeau rouge : « Voici mes sentiments sur la question ou situation »

Le rouge suggère la colère (penser à l'expression « voir rouge »), la rage, les émotions. Le chapeau rouge donne le point de vue émotionnel (tel que l'index nous l'a indiqué). Il est émotif et intuitif. Il exprime ses sentiments mais aussi ses ressentiments.

Chapeau noir : « Oui... mais... »

Le noir est lugubre et négatif. Le chapeau noir souligne les aspects négatifs, les raisons qui empêchent l'action. Il est logique, il cherche à faire apparaître toutes les contradictions et les dangers.

Chapeau jaune : « De façon optimiste je... »

Le jaune est ensoleillé et positif. Le chapeau jaune est optimiste, il énonce les espoirs et les pensées positives.

Chapeau vert : « J'imagine... »

Le vert représente l'espérance. Le chapeau vert indique la créativité et les idées neuves. Ses idées peuvent être considérées comme farfelues. Il pratique la pensée latérale et recherche des solutions pour anéantir le noir et favoriser le jaune.

Chapeau bleu : « Je donne la parole à... » et/ou « Je décide de... »

Le bleu est froid. Le chapeau bleu prend le commandement. Il organise le processus de la réflexion. Il commande aussi l'utilisation des autres chapeaux. On l'appelle le chef d'orchestre car il évite de dériver des objectifs, il garde le cap.

L'exemple de Jules

On lui a proposé de rejoindre la pension XYZ à Reims pour la rentrée de septembre 2012.

Voici les étapes à effectuer pour affirmer son choix.

- **Blanc.** Les faits sont les suivants : je m'appelle Jules, je suis le dernier d'une famille de cinq enfants, je rentre en classe de seconde, il n'y a personne à la maison le soir puisque Papa et Maman travaillent et que mes frères et sœurs n'habitent plus là. Les parents m'ont inscrit à la rentrée en pension à XYZ à Reims.
- **Rouge.** Voici mes sentiments sur le fait d'aller en pension XYZ : j'ai peur de m'éloigner de ma famille, de la maison ; je suis triste de perdre mes bons amis de classe avec lesquels je m'amuse beaucoup. Je suis libéré de ne plus entendre l'un des parents me houspiller parce que je dois aller travailler. Je suis soulagé car je serai encadré pendant des heures d'études obligatoires.
- **Noir.** Je vais en pension mais je ne crois pas que je vais davantage travailler. Je vais sans doute me faire d'autres amis et à nouveau beaucoup me dissiper. En plus je n'aime pas du tout obéir, les règles ne me conviennent pas, j'aime en faire à ma tête. Le week-end va être court et tendu ; les parents ne vont pas comprendre que je veuille profiter de mes anciens amis. Il y aura toujours des sujets de dispute.
- **Jaune.** De façon optimiste, je crois que je vais avoir de meilleurs résultats puisque je vais pouvoir travailler tous les soirs en étude. Je vais avoir la possibilité de faire davantage de sport car un temps y est consacré tous les jours après les cours. Je vais mûrir puisque je n'aurai plus Maman pour penser et agir pour moi.
- **Vert.** J'imagine que je pourrai demander à sortir le mercredi après-midi si je trouve une famille d'accueil à Reims pour moins me sentir en prison ; j'imagine que je vais trouver une solution (avec un covoiturage) pour ne retourner à la pension que le lundi matin afin de profiter pleinement de mes deux jours de week-end. Il y a bien une école de commerce à Reims où sont intégrés des étudiants.

- **Bleu.** Je vais rechercher sur Internet des idées de covoiturage et en discuter avec les parents. Je vais aussi demander au directeur s'il y a des familles qui pourraient m'accueillir le mercredi pour déjeuner. Que je puisse passer l'après-midi tranquille.

Après cet exercice, Jules s'est aperçu qu'il pouvait rendre l'idée de la pension plus séduisante, plus conforme à ses attentes émotionnelles.

L'exemple de Juliette

Elle hésite entre commencer sa médecine ou intégrer une prépa scientifique. Ce choix n'est pas facile car les deux voies lui permettent de servir chez elle des valeurs différentes.

Pour se décider, Juliette s'en est remise aux chapeaux de Bono.

- **Blanc.** J'habite en banlieue Ouest à Mareil-Marly, j'ai eu mon bac S mention bien, je suis acceptée à la fac de Cergy-Pontoise en médecine ou en prépa scientifique au lycée Hoche de Versailles. Qu'est-ce que je choisis ?
- **Rouge.** Voici mes sentiments sur le fait d'être en fac de médecine : j'ai peur d'être larguée, de ne pas savoir m'organiser. Je suis coincée chez les parents pour encore un bon bout de temps. J'ai très envie de devenir gynécologue car j'adorerais aider les mamans à avoir des enfants, je me sens très motivée. Voici mes sentiments vis-à-vis de la prépa : je serais fière d'être élève de classe préparatoire scientifique comme mon frère, je doute de ma réussite, je crains la vie monacale, je serai rassurée car il y a de nombreux débouchés.
- **Noir.** Je démarre des études de médecine à Cergy-Pontoise mais je reste dépendante des parents. Maman dit que pour m'éviter de la fatigue elle m'accompagnera le matin. C'est gentil mais je suis encore assistée et j'en ai assez. À côté de chez moi, il n'y a pas de prépa médecine mais sans faire de prépa je minimise mes chances. Pour être gynécologue, il faut encore bien réussir l'internat et je n'ai pas du tout envie d'être juste généraliste. À Versailles, en classe préparatoire, je vais devoir beaucoup travailler ; les autres vont tous être très forts et la compétition va être rude. Comme je suis juste bonne, il va me falloir fournir beaucoup d'efforts.

- **Jaune.** De façon optimiste, je pense que la médecine est un très beau métier et que j'ai toujours eu envie de soigner les autres. Le fait d'être chez les parents est très confortable car toutes les contraintes matérielles qui pourraient m'empêcher de travailler me sont épargnées. Et puis, en cas de coup de blues, c'est plus sympa d'habiter sous le même toit. Je crois que si j'ai été acceptée à Hoche, c'est que je suis capable de faire une prépa et d'avoir mes chances au concours. Tout le monde travaillera beaucoup et je trouverai certainement de nouveaux amis.
- **Vert.** J'imagine que je pourrai trouver une manière de me déplacer en covoiturage pour aller à la fac. Je peux aussi très vite passer mon permis ou demander à mes parents une voiture électrique. Peut-être qu'on peut se regrouper à plusieurs pour s'offrir à domicile un professeur de maths et de bio afin de revoir les points difficiles du programme. En prépa, je vais me chercher un binôme de travail pour me compléter afin qu'on s'entraide.
- **Bleu.** Je vais aller passer deux jours dans deux cabinets de généraliste pour mieux me rendre compte de quoi il s'agit. Je vais aussi imaginer des études de stomatologue en observant de plus près l'amie de maman : le côté technique de cette discipline peut m'intéresser. Avant de finaliser mon choix je vais regarder les jobs possibles avec des moyennes ou petites écoles d'ingénieur.

Juliette s'aperçoit après cet exercice qu'elle a encore quelques démarches à faire pour pouvoir prendre sereinement sa décision ; elle choisira alors facilement les études qui lui sembleront les meilleures pour *elle*.

Le jeune peut aussi utiliser les chapeaux pour prendre du recul au sujet d'une situation conflictuelle.

S'il ne comprend pas pourquoi ses parents lui interdisent de sortir le soir en semaine, il peut essayer de poser la situation de manière factuelle en posant tour à tour les chapeaux rouge, noir, jaune, vert et bleu sur sa tête. L'idée est qu'il réussisse à faire sienne l'injonction parentale au moment où il pose sur sa caboche le chapeau bleu : « En classe de troisième, on ne sort pas en semaine ! »

- **Blanc.** J'ai 15 ans, j'habite dans un quartier tranquille, mes amis se retrouvent pour bavarder le soir après dîner. Je n'ai pas le droit de les rejoindre.
- **Rouge.** La décision de mes parents m'apparaît injuste. J'en retire un sentiment de frustration, de dépit et de tristesse.
- **Noir.** Je reste à la maison le soir après dîner, c'est vrai. Mais pour quoi faire ? Je ne peux pas travailler car j'en ai plein la tête de la journée puis en plus je n'arrive pas à me concentrer car je pense aux copains qui sont dehors.
- **Jaune.** Quand je reste à la maison, je suis en sécurité, je n'ai pas envie de boire de bière ni de fumer. Je peux profiter des parents que je ne vois que tard le soir pour discuter ou me faire expliquer ce que je ne comprends pas.
- **Vert.** Je pourrais dire aux copains de monter à la maison pour se détendre à la fin des cours. Je pourrais organiser des sorties culturelles, théâtre, cinéma...
- **Bleu.** Je peux discuter avec les parents sur ce qu'ils entendent par « sortir ».

Gérer un conflit interne

Parfois, nous sommes habités de pensées et de désirs qui nous semblent contradictoires. C'est ce qui se passe en nous quand cohabitent des parts de nous qui s'opposent, qui ne se reconnaissent pas. Nous sommes tiraillés par un conflit interne.

Le conflit est mal vécu et, pour le régler, nous essayons souvent d'ignorer nos sentiments, de faire taire la partie de nous-mêmes qui nous dérange, de passer nos affects au crible de la raison, en espérant ainsi régler notre dilemme. Nous agissons alors un peu à contrecœur, comme si nous n'étions pas entièrement en accord avec nous-mêmes. Difficile, dans ce cas, d'assumer notre choix car une part de nous n'a pas été écoutée et respectée.

Étude de cas

C'est souvent le cas du jeune tiraillé le mercredi après-midi entre sa volonté de travailler car il a encore beaucoup à apprendre avant la fin de la semaine et celle de se détendre et prendre un peu de bon temps.

Étape 1. Poser une situation précise

« Je n'arrive pas à me concentrer sur mon travail cet après-midi car j'ai très envie de finir mon livre. »

Étape 2. Nommer les deux parties en conflit

- La partie « T » = celle qui veut travailler.
- La partie « L » = celle qui veut lire son livre.

Étape 3. Trouver l'intention positive de chaque partie, c'est-à-dire la « bonne raison », ce qui pousse le jeune à agir

- L'intention positive de la partie « T » : faire ce qu'elle doit, être à l'aise en cours demain, avoir une bonne note pour aller à l'entraînement de rugby vendredi.
- L'intention positive de la partie « L » : s'évader, prendre du bon temps, finir ce livre pour en commencer un autre. On peut alors imaginer un dialogue interne :

PARTIE « T » : Est-ce très important pour toi de réussir ? Quelles sont les valeurs que tu sers ? Est-ce que la partie « L » t'en empêche ?

– Oui, j'ai envie de réussir par honnêteté, par sens du devoir et pour ma sécurité. La partie « L » qui veut s'amuser me gêne.

PARTIE « L » : Est-ce très important pour toi de te détendre, de te faire plaisir ? Quelles sont les valeurs que tu sers alors ? Est-ce que la partie « T » t'en empêche ?

– Oui, c'est important pour moi de lire parce qu'alors je sers mes valeurs de sagesse (c'est un roman historique), de liberté et de gaieté. La partie « T » qui veut travailler me dérange.

Étape 4. Si chaque partie gêne l'autre dans son fonctionnement, alors il est possible de négocier et de trouver un compromis

Lors d'un compromis, les deux parties doivent être gagnantes.

➤ Demander à la partie « L » qui veut lire si elle est prête à laisser la partie « T » travailler sans l'interrompre afin que la partie « T » accepte de faire de même pour elle ?

➤ Demander à la partie « T » qui veut travailler si elle accepterait de laisser la partie « L » lire pour qu'elle ne l'interrompe plus ?

Étape 5. L'accord

Une fois qu'on a obtenu un accord entre les deux parties, demander à chacune d'entre elles de s'engager à se conformer à cet accord.

« Je travaille sérieusement pendant une heure et demie pour réviser mon contrôle et après je lis mon roman pendant une heure. »

Cela n'est possible que si le jeune cherche à prendre soin de chacune des parties de lui-même.

Avec cet exercice, le jeune découvre qu'en prenant le temps d'identifier les parties concernées dans le conflit qui le tiraille, d'aller à leur rencontre, d'écouter ce qui est vraiment important pour chacune d'elle, de leur laisser le temps de se découvrir, de dialoguer entre elles, d'exprimer leurs souhaits, de s'accepter dans leurs différences, il peut, par la suite, servir plus ses valeurs.

Une fois qu'une situation est analysée avec lucidité, négocier un compromis avec soi-même va permettre de renforcer son estime de soi.

Rebondir

Utiliser à bon escient toutes ses qualités

Étape 1

Je réfléchis à une situation qui n'a pas été jusqu'au bout de sa réalisation, que je n'ai pas terminée, qui ne m'a pas rendu très heureux. Je l'évoque sur une feuille blanche. C'est le **point négatif**.

Étape 2

Je me souviens des qualités que j'ai trouvées dans le majeur. Je rappelle par écrit ces qualités. C'est le **point positif.**

Étape 3

Quelles qualités ai-je oubliées ? J'imagine ce qu'aurait pu être la situation : **transfert du positif sur le négatif.** Je mets par écrit la nouvelle situation obtenue.

L'exemple de Dominique

➤ Étape 1 : Dominique est déçu. Il a obtenu 8/20 à son exposé sur le romantisme au XIXe siècle.

➤ Étape 2 : Dominique a traversé l'été dernier la Corse à vélo. C'est lui qui a tout organisé. Il s'est montré déterminé, prévoyant et leader.

➤ Étape 3 : Dominique aurait pu utiliser ses qualités prouvées pendant sa traversée en vélo pour être leader dans son groupe d'exposé et travailler de manière à obtenir une bonne note. La situation négative aurait pu être positive.

Respecter toutes les étapes du chemin de réussite®

➤ Je me souviens des quatre étapes pour faire de cet objectif une réussite.

- Volonté
- Organisation
- Concentration
- Motivation

➤ Je fais le point sur chacune. Quelle étape n'ai-je pas respectée ?

➤ J'imagine ce qu'aurait pu être la situation.

Quelles étaient ses quatre étapes pour transformer son objectif en réussite ?

➤ **Étape 1.** Dominique visait le 15/20 à son exposé.

- **Étape 2.** Il avait décidé de le travailler cinq heures en deux fois, d'utiliser son livre, le CDI et Internet.
- **Étape 3.** Il avait décidé qu'au bout de trois heures, il aurait sélectionné ses sources d'information et que les deux dernières heures serviraient à la synthèse.
- **Étape 4.** Dominique rêvait d'un 15/20 pour remonter dans l'estime de son professeur de français et améliorer sa moyenne. Le résultat final devait servir ses valeurs « réussite » et « créativité ».

Quelle étape n'a-t-il pas respectée ?

Dominique s'est laissé prendre par le temps et n'avait pas fini la sélection des sources d'information après quatre heures de travail.

Quelle aurait pu être la situation ?

Dominique aurait pu envisager de consacrer plus de temps à son exposé pour être sûr d'atteindre son objectif. Il a mal évalué son temps dans l'étape « organisation » et surtout ne l'a pas ajusté dans l'étape « concentration ».

Exercices à faire au quotidien

En déroulant les doigts, si le jeune ne repère aucun besoin non satisfait, il se contentera à l'annulaire de sécuriser sa bonne entente avec lui-même.

L'autosuggestion de Coué

Technique utilisée en sophrologie notamment, cette méthode tire son nom des travaux du **psychologue et pharmacien français Émile Coué de la Châtaigneraie.** Forme d'autosuggestion censée entraîner l'adhésion du sujet aux idées positives qu'il s'impose et ainsi un mieux-être psychologique ou physique, elle se veut autant préventive que curative. **Ainsi le jeune se répète vingt fois de suite avec rapidité : « Tous les jours, à tous points de vue, je vais de mieux en mieux. »**

Les bénéfices de l'annulaire

Avec l'annulaire, suivant les besoins non satisfaits pointés à l'index, le jeune choisit l'outil approprié afin d'ébaucher le début d'une solution et d'éviter par la suite de répéter les mêmes erreurs.

Avec l'annulaire, le jeune apprend à éviter le conflit tout en s'affirmant, à s'accepter lucidement, à être responsable de ce qu'il fait, à se différencier de ce qu'il est.

Avec l'annulaire, le jeune réalise qu'il est responsable de ses comportements, mais pas de ce qu'il est. Il a donc la possibilité de les faire évoluer par différents outils, afin qu'ils ne soient plus un frein à la réussite de ses objectifs. Chaque part de nous a sa raison d'être, ses besoins profonds. Même lorsqu'elle ne nous plaît pas, elle nous donne quelque chose d'important. Réussir ce dialogue des parts de soi procure un bien-être fondamental.

Partie 3

AGIR

Chapitre 5

L'auriculaire

J'écoute mes attentes, je définis et je respecte mes objectifs

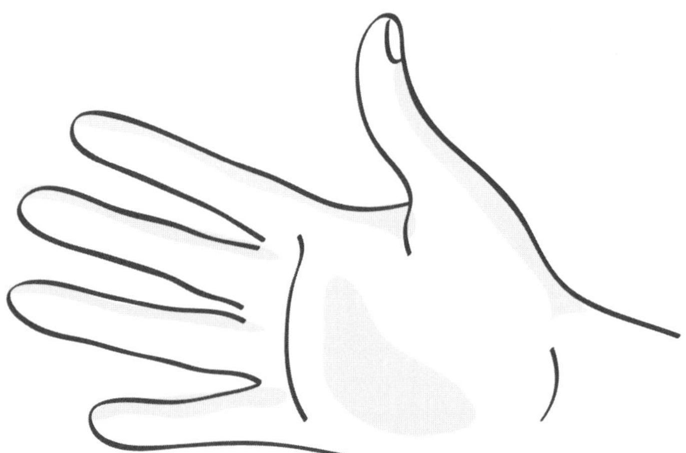

« L'enfant ne devrait jamais être forcé à faire quelque chose avant d'être arrivé de lui-même à l'idée – son idée – qu'il doit la faire. »

Alexander Sutherland Neill, *Libres Enfants de Summerhill*

Les principes

Cinquième doigt de la main, l'auriculaire est le doigt le plus bavard de la main. Petit par la taille, il est le grand horloger de notre journée. Celui qui nous souffle à l'oreille les moyens à mettre en œuvre pour atteindre nos objectifs et cheminer à notre rythme et selon notre être sur le chemin de la réussite®. Dans la mnémotechnique de la main®, après être devenu son meilleur ami avec l'annulaire, le jeune clarifie ses objectifs et ses choix de vie avec l'auriculaire pour les vivre à fond.

La théorie des intelligences multiples

Si vous avez livré à vos enfants la couleur de vos yeux ou celle de vos cheveux, nombre de ses traits de caractère ou de ses façons d'être échappent au legs de l'hérédité. Il en va de même pour sa forme d'intelligence ! Vous n'êtes jamais aussi à l'aise que quand vous êtes seul à méditer un livre à la main ? Sachez que votre rejeton aura peut-être besoin *a contrario* de bouger toute la journée, volant d'une activité l'autre en chantant à tue-tête ! Voilà le constat auquel est parvenu **Howard Gardner,** le père de la théorie des intelligences multiples, en 1983. L'enfant, et plus tard l'adulte, n'est pas doté d'une seule forme d'intelligence mais de plusieurs qui se combinent pour faire de lui un être unique. Nous devons être conscients de cette réalité si nous voulons être des tuteurs efficaces pour nos jeunes !

À chacun son type d'intelligence

Votre enfant résout des problèmes à la vitesse de l'éclair, le « pourquoi » et le « comment » des choses l'obsèdent, il raisonne sur les causes et les conséquences des choses qui l'entourent ? **Il est doté d'une intelligence logico-mathématique comme Hubert Reeves.** Favorisez les activités suivantes.

- Travailler à l'ordinateur, programmer, classer des objets.
- Pratiquer les sciences et la lecture, résoudre des énigmes, jouer avec les mots.
- Visiter des musées.

Votre enfant est animé d'une puissante imagination, il est à l'aise pour concevoir, dessiner, lire des graphiques, organiser l'espace, les objets et les surfaces... bref les images lui parlent ? **Il est doté d'une intelligence spatiale comme Léonard de Vinci.** Favorisez les activités suivantes.

- Pratiquer l'art, le théâtre et les sports qui demandent de se déplacer dans l'espace.
- Créer des diagrammes, des cartes et des chartes.
- Monter des vidéos et des films.

Votre enfant a le sens des relations, il est habile pour parler, donner son point de vue, diriger un groupe, écouter les autres et régler les conflits ? **Il est doté d'une intelligence interpersonnelle comme Mère Teresa.** Favorisez les activités suivantes.

- Pratiquer des sports d'équipe.
- Organiser des débats.
- Élaborer des exposés.

Votre enfant est toujours en mouvement, il éprouve le besoin de se lever, de bouger, de toucher les choses ou les gens ? **Il est doté d'une intelligence corporelle-kinesthésique comme Pina Bausch.** Favorisez les activités suivantes.

- Faire du théâtre et des jeux de rôles.
- Danser, jouer et faire du sport.
- Faire de l'artisanat.

Votre enfant a l'amour du langage et des mots, il parle beaucoup, a la mémoire des dates et des noms, aime raconter et écouter des histoires ? **Il est doté d'une intelligence verbo-linguistique comme Raymond Devos.** Favorisez les activités suivantes.

- Dialoguer, écrire, faire des comptes rendus.

➤ Écouter des enregistrements.

➤ Lire.

Votre enfant a le goût de la solitude et de l'introspection, il est à l'aise dans la compréhension de ses forces et de ses faiblesses, sait se donner des objectifs ? **Il est doté d'une intelligence intrapersonnelle comme Gandhi.** Favorisez les activités suivantes.

➤ Se relaxer, écrire un journal.

➤ Pratiquer des exercices de concentration.

➤ Méditer.

Votre enfant a la musique dans la peau, il est sensible aux sons et aux rythmes, il chante toute la journée ? **Il est doté d'une intelligence musicale-rythmique comme Paul McCartney.** Favorisez les activités suivantes.

➤ Utiliser une musique de fond pour accompagner la pratique de certaines activités.

➤ Faire de la musique, écrire des chansons, chanter, utiliser et jouer des instruments de musique.

➤ Aller à des concerts.

Votre enfant est le pro de l'organisation, de la sélection, du listage, du regroupement ? **Il est doté d'une intelligence naturaliste comme Charles Darwin.** Favorisez les activités suivantes.

➤ Concevoir des systèmes, structurer des idées, mettre en ordre les choses.

➤ Concevoir des décorations d'intérieur, mener un travail d'enquête.

➤ Jardiner.

Les profils pédagogiques

Philosophe et pédagogue français (1920-2010), **Antoine de la Garanderie** était le père de huit enfants. Il a mis en évidence les différents gestes mentaux intervenant dans la réflexion et l'apprentissage afin de comprendre les motifs de la réussite et de l'échec des jeunes à l'école.

Son principe est d'amener une personne à pouvoir appliquer des stratégies utilisées dans son domaine de compétences à des domaines qui présentent des difficultés pour elle.

La première question sera toujours : « Qu'est-ce que tu réussis bien ? » ou « Qu'est-ce que tu aimes bien faire ? » Tout le monde possède un domaine de réussite, il suffit d'aller le chercher là où il se trouve, parfois loin des études. Si le sujet ne sait pas quoi répondre, il est possible de lui présenter un assortiment varié lui donnant le droit de dire ce qui lui plaît sans crainte des jugements de valeur. La deuxième question sera : « Et comment fais-tu cela, dans ta tête ? » Les réponses seront sans doute variées. Les questions suivantes viseront à expliciter les procédés utilisés. L'entretien sera semi-directif dans la détermination des procédés, puisque l'animateur aura une idée du profil de la personne. Il sera en revanche non directif dans la recherche de la remédiation mentale. C'est le sujet qui décide de ce qui lui convient. On confrontera avec l'intéressé les stratégies utilisées dans son domaine de compétences à celles utilisées ailleurs.

Les types psychologiques

Médecin et psychologue suisse (1875-1961), **Carl Gustav Jung** est l'un des plus grands penseurs de l'âme humaine. Sa théorie des types psychologiques est un outil permettant de diagnostiquer les différences de fonctionnement psychologique entre les individus.

Introversion et *extraversion* sont des termes qui sont passés dans le langage courant. Les « types psychologiques » font une large place à ces concepts : « Qui ne connaît ces natures fermées, difficilement pénétrables, souvent ombrageuses, qui contrastent violemment avec ces caractères ouverts, sociables, souvent enjoués, ou tout au moins aimables et d'un abord facile, qui s'accordent ou se chicanent avec tout le monde… » Chacun reconnaîtra l'opposition qui existe entre les caractères de type *introverti* et ceux de type *extraverti*.

Au-delà de ces types généraux d'attitude existent quatre fonctions psychologiques :

1. La *pensée*.
2. L'*intuition*.
3. Le *sentiment*.
4. La *sensation*.

La pensée est la faculté à établir des rapports entre les idées et les choses. Elle est intellectuelle, analytique, organisatrice, objective.

Le sentiment est la fonction par laquelle se fait l'intégration ou le rejet des idées et des choses. Elle est affective, instinctive, sélective, subjective.

La sensation est la fonction par laquelle est perçu le monde extérieur : vue, ouïe, toucher, odorat, goût sont ses outils. Elle est observatrice, sensible, concrète, sensitive.

L'intuition est la faculté à projeter tous les possibles, au-delà de la situation présente. Elle est imaginative, prévoyante, spéculative, visionnaire.

Les profils d'apprentissage

Cette expression de « profil d'apprentissage » est si heureuse que je me suis permis de la reprendre à **Jean-François Michel** (*Les 7 profils d'apprentissage*, Éditions d'Organisation, 2005) et à **John Holland** (*Dictionary of Holland Occupational Codes*, Psychological Assessment Resources Inc., 1996). Pour autant, j'en ai adapté le contenu à mes propres observations issues de mes pratiques et de mes lectures (modèle hexagonal de Hollande, profils pédagogiques de la Garanderie et intelligences multiples de Gardner).

Parmi ces natures, aucune ne nous est étrangère mais c'est un cocktail particulier qui nous caractérise. Nous, parents, dans quels profils d'apprentissage nous reconnaissons-nous ? Et nos enfants ? Peut-être que certains de leurs comportements nous apparaissent de prime abord aberrants tant ils sont éloignés des nôtres. Qu'on se le dise : chacun de ces profils a ses avantages et ses freins. **Apprenons à les découvrir pour en tirer le meilleur !**

Le « mind mapping »

Le mind mapping est une technique développée par **Tony Buzan** durant les années 1970, présentée comme un outil pour penser. Qu'est-ce que le mind mapping ? Une représentation visuelle de ce qui se passe dans le cerveau. Pour Tony Buzan, c'est l'outil idéal d'accompagnement des processus mentaux. Ainsi, on peut s'en servir pour refléter la pensée, la réflexion, la connaissance, la mémoire et stimuler la créativité.

Les mind maps

Le processus du mind mapping se veut simple et amusant. Le cerveau fonctionne selon la « pensée irradiante », affirme Buzan. Autrement dit, le cerveau fonctionne par **« visualisation »** et **« association »**. Quand nous pensons à une chaise, nous visualisons habituellement une chaise à laquelle nous pouvons associer une multitude d'idées. Buzan propose donc de commencer à dessiner au centre d'une page blanche, de relier les branches à l'idée centrale, puis connecter les idées secondaires aux premières branches, puis les idées tertiaires aux secondes branches et ainsi de suite...

La mind map de Tony Buzan présente quatre caractéristiques essentielles.

- Le sujet d'attention est cristallisé dans une image centrale.
- Les grands thèmes irradient, ou se ramifient comme des branches à partir de l'image centrale.
- Les branches comportent une image ou un mot imprimé sur une ligne. Les thèmes de moindre importance sont également représentés sous forme de branches partant de branches plus centrales.
- Les branches forment une structure nodale.

Une mind map réussie permet de stimuler par l'image, d'attirer par la couleur, d'exploiter l'espace et de structurer les idées.

Les méthodes

Exercices à faire une fois

Quand on a un **projet de vie**, on se fixe des **buts** qu'on a envie d'atteindre. On est actif, on détermine les moyens pour atteindre ces buts : ce sont nos **objectifs**.

Aider le jeune à synthétiser les principales informations sur lui-même

Étape 1

Noter les cinq ou six premiers niveaux de valeur à nourrir toutes les semaines.

Étape 2

Noter trois ou quatre qualités et compétences que vous aimez particulièrement chez vous.

Étape 3

Regrouper toutes ces informations pour déterminer les buts que vous vous fixez pour l'année dans les différents domaines de votre vie :

vie spirituelle, émotionnelle, relationnelle, intellectuelle, sportive, associative…

Écrivez un texte, dessinez ce que vous voulez, enregistrez un récit – tout dépend de votre type de compréhension – que vous pourrez reprendre à votre guise, surtout dans les périodes de doute ou de découragement afin de vous aider à rester fidèle à votre désir profond.

L'exemple de Jean

Étape 1

Les valeurs principales de Jean, identifiées avec le majeur :

- Le goût de la vérité
- L'amour-amitié
- L'indépendance
- La créativité
- La puissance
- L'utilité

Étape 2

Les trois ou quatre qualités qui lui semblent le plus importantes :

- Son originalité
- Son dynamisme,
- Son intelligence émotionnelle
- Sa curiosité

Étape 3

Durant l'année, Jean aimerait tenir un des rôles principaux dans la pièce de théâtre de fin d'année, mener jusqu'au bout son engagement à la maraude du quartier et y entraîner quelques amis, aller davantage voir des expositions (une ou deux fois par mois), rencontrer à chaque vacances des personnes susceptibles de lui parler d'un métier dont il n'a aucune idée. Il souhaite se donner les moyens de n'importe quelles études.

L'aider à respecter son profil d'apprentissage, ses forces et ses freins

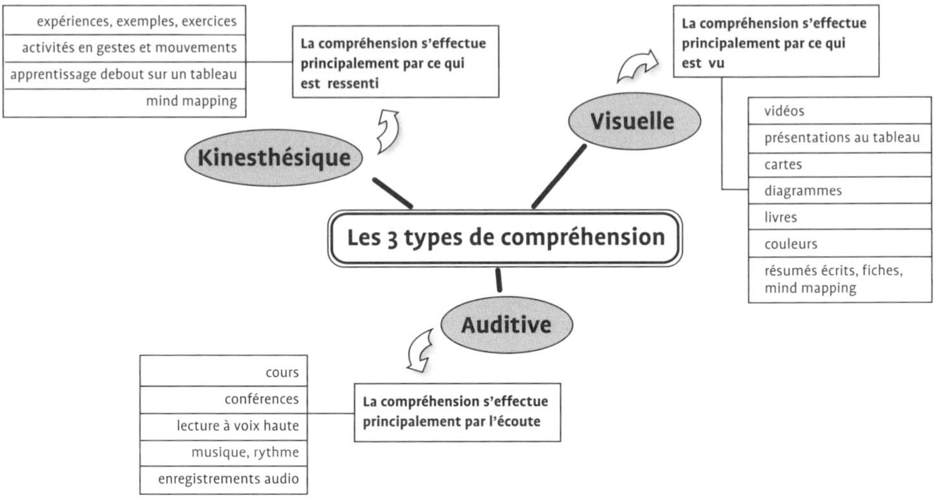

Le jeune adapte **sa façon de travailler à son type de compréhension.** Pour nous, parents, il est de notre responsabilité de lui permettre d'avoir le bon cadre pour lui.

Je suis visuel

Achète en début d'année en double exemplaire les manuels dont tu auras besoin tous les jours pour travailler.

Revends-les avant la fin de l'année à la prochaine génération. Apprends à synthétiser tes cours sous forme de tableaux avec des couleurs, des schémas.

Je suis auditif

Achète un dictaphone facile d'utilisation, sensible et pratique, afin que tu puisses t'en servir aussi bien en salle d'étude, dans les transports en commun qu'à la maison.

Je suis kinesthésique

Tu as besoin d'un grand tableau blanc avec des feutres de différentes couleurs afin de pouvoir rendre concrets tes cours.

User des ressorts de sa motivation de démarrage au moment d'un apprentissage

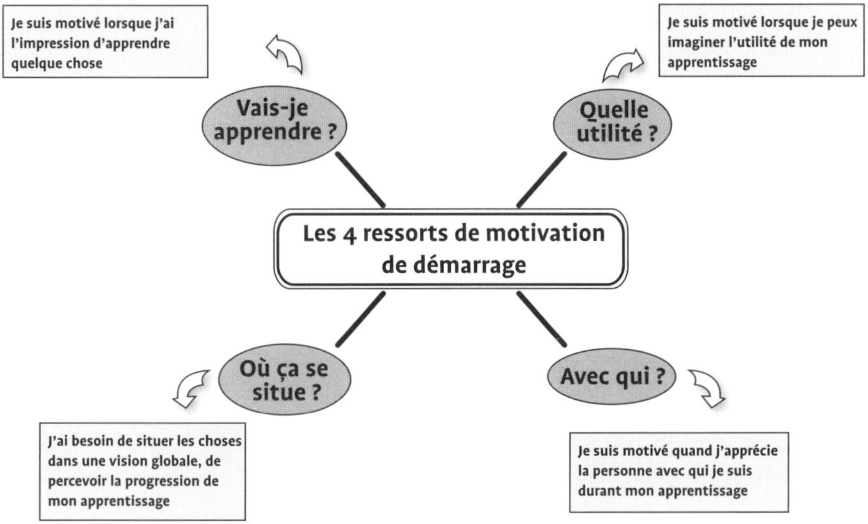

La motivation existe : si je perçois l'importance et l'intérêt des activités proposées, si je me crois capable de les mener jusqu'au bout, si j'estime exercer un contrôle sur leur déroulement.

Aidons notre jeune à choisir les ressorts de motivation qui l'aideront à travailler avec efficacité suivant les situations.

La motivation existe :

- si je perçois l'importance et l'intérêt des activités proposées ;
- si je me crois capable de les mener jusqu'au bout ;
- si j'estime exercer un contrôle sur leur déroulement.

Quelle utilité ? À quoi ça sert ?

Je suis motivé lorsque je peux imaginer l'utilité de mon apprentissage.

➤ Aider le jeune à se poser la question : dans quelles circonstances est-ce utile de faire ? Qu'est-ce qui est **vrai pour moi** ?

Par exemple, dans quelles circonstances est-ce utile d'apprendre l'anglais ? On l'aide à répondre avec toutes les idées qui nous passent par la tête : regarder les séries américaines à la mode, comprendre les chansons qu'on fredonne, voyager, pouvoir communiquer avec n'importe qui, pouvoir lire des publications non traduites en français, avoir de bonnes notes, etc.

À l'aide de cette première liste, le jeune pointe ce qui est vrai pour lui aujourd'hui ; il établit de fait l'utilité de ce qu'il apprend pour lui.

Avec qui, quel prof, quel ami ?

Je suis motivé quand j'aime la personne qui enseigne ou ceux avec qui je suis durant mon apprentissage.

➤ Aider le jeune à prendre conscience que la première personne pour qui il apprend, c'est lui-même !

Vais-je apprendre ?

Je suis motivé lorsque j'ai le sentiment que je vais apprendre quelque chose de nouveau.

➤ Pour éviter le sentiment d'ennui, on peut préparer des questions à poser au professeur pour aller plus loin sur le sujet, chercher des liens entre les matières ou décider de découvrir une nouvelle astuce pendant le cours comme par exemple une astuce pour appliquer une règle de grammaire.

CONSEIL DE PRO

Comment aider nos jeunes à retrouver la nouveauté dans leur programme de collège ou de lycée ? Les inviter à prendre de l'avance sur la connaissance d'un sujet. **Plus ils auront de connaissances, plus ils seront intéressés.**

Où ça se situe ? Qu'est-ce que cela me permettra d'apprendre plus tard ou de mieux comprendre ?

J'ai besoin de situer les choses dans une vision globale ou dans un lieu ou dans un plan.

➤ Avoir toujours sous les yeux le plan du cours, prendre le temps de situer ce que j'apprends par rapport à ce que je sais déjà et ce que cela me permettra de faire plus tard.

Utiliser ses différentes natures en apprentissage

➤ Après avoir lu les caractéristiques de chaque nature et leurs conséquences, je souligne ce qui me concerne et je le retiens.

L'investigateur

Caractéristiques

Réfléchi, émotions contenues, introverti, chercheur, curieux, observateur.

Conséquences

J'ai besoin qu'on respecte mon besoin d'être tranquille quand j'apprends, mon silence. Je cherche un support qui corresponde à mes besoins de connaissances, de concision et précision (le livre du cours, Internet, un autre livre...). J'utilise sans modération mes facultés d'analyse, de synthèse et de planification.

Attention ! Pour faire face à ma difficulté à exprimer mes émotions, je me dis que 80 % de la communication à l'oral est non verbale. Je décide donc d'apprendre à manifester mes émotions pour paraître moins froid.

L'entreprenant

Caractéristiques

Formidable capacité à réaliser et à réussir, besoin de reconnaissance, hardi, audacieux, déterminé, proactif.

Conséquences

J'ai besoin d'être valorisé (je peux me féliciter moi-même) ; pour être plus sûr de moi, j'arrête de me comparer aux autres. Je repère toutes mes réussites. Je change régulièrement de position en travaillant. Je cherche des moyens concrets d'agir : je peux me porter volontaire pour être délégué, je participe…

Attention ! Je dois apprendre à ne pas réduire mes objectifs de peur de l'échec et apprendre à lui faire face.

Le social

Caractéristiques

Pense d'abord à l'autre, serviable, gentil, diplomate, sociable, humain.

Conséquences

J'ai besoin d'harmonie ; j'ai besoin de temps pour comprendre à mon rythme après avoir pris en compte les opinions des autres ; j'ai besoin d'oser reformuler et poser des questions pour être sûr d'avoir bien compris.

Attention ! Je dois apprendre à écouter mes désirs et mes besoins et oser dire non.

Le bon vivant

Caractéristiques

Gaieté, peur de la contrainte, priorité au plaisir.

Conséquence

J'ai besoin de m'amuser pour apprendre : je participe en cours, je partage mon humour, j'introduis le jeu pour apprendre, et je recherche l'utilité pour moi-même de ce que j'apprends.

Attention ! Je dois rester discipliné et accepter de ne pas être toujours dans l'amusement.

L'artiste

Caractéristiques

Sensible, chaleureux, créatif, déteste la banalité ; recherche du Beau ; humeur intense et changeante.

Conséquences

J'ai besoin d'être en permanence remotivé, je recherche des personnes qui m'aiment et me comprennent, je cherche à être unique, j'utilise dès que je peux mon imaginaire débordant.

Attention ! Je dois apprendre à respecter les règles de « monsieur Tout le monde ».

L'insoumis

Caractéristiques

Énergie physique considérable, forte volonté, franc, dynamique, a peur de se montrer faible.

Conséquences

J'ai besoin de me dépenser, j'ai besoin de limites, j'ai besoin de défis à relever, j'apprends mieux en situation.

Attention ! Je dois apprendre à faire confiance aux autres.

Le perfectionniste

Caractéristiques

Minutieux, scrupuleux, soigneux, goût de la perfection, grande rigueur personnelle, idéaux élevés, critique facile.

Conséquences

Je respecte l'autorité mais j'ai besoin de respect ; j'ai des opinions tranchées. j'évite de me dévaloriser ; je privilégie les termes positifs ; au moment de l'évaluation d'une situation, je ne dis pas : « C'est nul » mais je me pose la question suivante : qu'est-ce qui pourrait être mieux ?

Attention ! Je dois apprendre à accepter les erreurs de ma part ou celles des autres. Je dois apprendre à toujours voir l'essentiel.

Le conventionnel

Caractéristiques

Traditionnel, besoin de conformité, besoin d'un cadre stable et bien structuré, recherche la sécurité, respect des procédures.

Conséquences

J'aime suivre des instructions logiques, j'imagine toutes les solutions possibles pour être le plus sécurisé possible.

Attention ! Je dois apprendre à aimer la nouveauté.

Exercices à faire parfois

Établir un planning hebdomadaire

Le jeune répartit ses activités sur une semaine type en remplissant **le tableau de planification hebdomadaire.**

➤ Dans la colonne de droite, il liste toutes ses activités de la semaine.

Ne pas oublier que les activités sont **l'expression de ses valeurs.** Elles doivent donc toutes figurer dans la colonne « gestion des temps », sur le même plan d'égalité.

➤ Le jeune choisit un code couleur pour chaque type d'activités répertoriées dans la colonne de droite.

➤ Il colorie dans son emploi du temps hebdomadaire les cases correspondantes au temps passé pour chacune d'entre elles.

Le jeune doit veiller à son besoin de travail quotidien, qui varie, suivant sa classe et ses facilités, de quarante-cinq minutes à deux heures par jour.

➤ Dans la colonne de droite, il attribue un code géométrique à ses six ou huit premières valeurs découvertes au majeur.

➤ Dans l'emploi du temps, il affecte pour chaque activité le(s) code(s) géométrique(s) correspondant à ses valeurs.

Au final, notre jeune doit s'assurer que ses temps de loisirs, de travail et de détente sont équilibrés.

Toutes ses valeurs sont-elles satisfaites ?

Si elles ne le sont pas, comment pourrait-il s'organiser différemment ?

Voici l'emploi du temps hebdomadaire de Quentin, 14 ans, en classe de troisième.

	Lundi	Mardi	Mercredi	Jeudi	Vendredi	Samedi	Dimanche	Gestion des temps
7 h								
7 h 30								Heures de cours
8 h								
8 h 30	□◇							Piscine
9 h		□◇						Théâtre
9 h 30								
10 h								Jeux vidéo, télé...
10 h 30								Fêtes de famille/amis
11 h								Lecture, rêverie
11 h 30								Travail personnel
12 h								Facebook, MSN, téléphone
12 h 30	+☾							Internet
13 h								
13 h 30								
14 h	□		O+☾					□ dépassement de soi
14 h 30	□◇	□◇						O créativité
15 h								◇ amitié
15 h 30								+ liberté
16 h								★ vérité
16 h 30								☾ humour
17 h								
17 h 30			O☾		O☾			
18 h	□+							
18 h 30		□+						
19 h	+☾	□			□			
19 h 30								
20 h						O+☾		
20 h 30								
21 h								
21 h 30								
22 h	O+☾							

Ainsi Quentin prend-il conscience de tous les moments vides d'activités. Il complète si besoin le tableau « gestion des temps ».

Il réalise aussi comme il est confortable d'être maître de son temps, de choisir comment on l'investit.

Il prend conscience qu'il ne doit pas être devant un écran (télé, ordinateur, console de jeux, smartphone...) avant d'avoir terminé la plage horaire réservée à son travail personnel.

CONSEIL DE PRO

La quantité de travail dépend de chaque professeur, pas de nos jeunes. Difficile pour un collégien de travailler plus d'une heure ou une heure et demie par jour, et pour un lycéen plus de deux heures ou deux heures et demie. **Aidons-les à remplir un planning de travail qui sera cohérent avec leur âge et leur vie.** Ce planning hebdomadaire n'est juste, dans tous les sens du terme, que s'il comporte des cases vides ! **Les plannings de ministre ne sont pas pour eux.** De plus, dans cette gestion des temps, nous devons veiller à ce que toutes les activités qui servent leurs valeurs soient représentées. **Ne le menaçons pas de supprimer l'activité qui le fait vivre !** Ensuite, tout est une question de juste proportion : pas plus de neuf heures d'activités extrascolaires pour un lycéen.

L'aider à gérer tous ses temps vides d'activités

Quels sont mes temps vides d'activités ?	Comment je peux les utiliser pour servir davantage mes valeurs et en tirer parti au mieux ?

CONSEIL DE PRO

Nos jeunes ont tous besoin d'un moment de lecture/rêverie avant de dormir : ce besoin est à inscrire d'office dans la colonne de gauche !

La concentration en pratique

Pendant les cours, qu'est-ce que je veux faire pour améliorer ma concentration ? Et à la maison ?

- Je choisis un cadre propice à mon travail.
- Je réactive la veille le dernier cours pour « mieux raccrocher les wagons ».
- Éventuellement, je me renseigne et lis le chapitre à l'avance.
- En cours, je choisis une place pour être moins perturbé par le bruit.
- J'apprends à moduler mon attention suivant les moments : par exemple mon attention peut être plus légère quand le professeur aborde un point du cours que j'ai déjà compris.
- Je mets en place des stratégies d'écoute comme fermer les yeux pour m'isoler et mieux réfléchir, poser mon regard sur une surface neutre, etc.
- Je respecte mes besoins de pause (poisson, oiseau ou autre pause).

Rappel : je mange bien le matin et j'apporte des fruits (pomme, banane) pour m'apporter de l'énergie complémentaire et je bois régulièrement car mon cerveau a besoin de cet apport pour bien fonctionner. À l'intercours, je n'hésite pas à boire.

Exercices à faire au quotidien

Pratiquer le chemin de réussite®

Si nécessaire bien sûr, en complément des deux points suivants, vous pouvez l'aider :

- à déterminer son objectif de la soirée ;

- à déterminer son objectif pour le lendemain.

L'exemple de Delphine

Delphine, à la veille d'un week-end de trois jours grâce à une journée pédagogique, détermine comme objectif d'organiser une soirée samedi pendant l'absence de ses parents.

Le soir même, l'objectif MALIN est de demander aux parents la permission de recevoir une dizaine d'amis samedi.

L'aider à répartir son temps de travail personnel

Une fois déterminées les plages de temps réservées au travail personnel, il faut prendre un moment le vendredi soir pour **établir le détail de ces temps de travail.**

Il est utile de se rappeler qu'il y a toujours des semaines plus chargées que d'autres. Par exemple les semaines avant Noël où on multiplie festivités, galas et contrôles.

La loi de Parkinson

Cette loi, énoncée dans un article de *The Economist* (19 novembre 1955) par l'historien et l'essayiste **Cyril Northcote Parkinson,** peut être résumée littéralement sous la forme suivante : « Une tâche nécessite tout le temps dont on dispose pour l'effectuer. »

Afin d'éviter d'être régi par cette loi, il est nécessaire d'évaluer le temps à consacrer à chaque tâche suivant son importance.

Attention : ce n'est pas toujours le plaisir qui nous fait commencer une tâche désagréable... Pour rester motivé sur ses objectifs, il est nécessaire de prendre conscience de sa stratégie de motivation.

PAROLES DE PRO

Mickaël ne tient pas en place. À peine s'est-il mis au travail qu'il se lève de son bureau pour aller jouer avec son petit frère, taquiner le chien, ouvrir le frigo. Une fois rassis, il rêvasse... Comment l'aider à se concentrer ?

L'aptitude à se concentrer varie d'un enfant à l'autre. Plus l'enfant est jeune, plus elle est limitée. Il faut alterner temps de travail et pause bien sûr. Et puis, chacun a sa manière de travailler. Par quoi va-t-on proposer à Mickaël de commencer ? Quand nous sommes devant notre assiette, que mangeons-nous en premier ? Ce qu'on aime ? Ce qu'on n'aime pas ? À moins que nous décidions de faire de la bouillie de notre assiettée... **« Pourquoi je veux me mettre au travail » et « par où commencer » sont deux questions qui vont aider Mickaël à s'y mettre avec sérieux.**

Planning de travail = Répartition hebdomadaire du temps investi en travail personnel (réactivation, relecture des copies, travail noté dans l'agenda, révision des contrôles)

	Temps à investir	Matières	Types d'exercices	Temps investi
Samedi				
Dimanche				
Lundi				
Mardi				
Mercredi				
Jeudi				
Vendredi				

Analyser les erreurs de ses copies

Pour comprendre ses erreurs, il est important de relire sa copie corrigée et les appréciations du professeur. À partir de là, je peux déterminer s'il s'agit d'un manque de compréhension, de pratique ou d'attention. Je prévois alors le travail et le temps adaptés pour m'améliorer.

En général :

- Une mauvaise compréhension implique davantage de travail personnel pour acquérir définitivement la règle, le théorème, le cours.
- Un manque de savoir-faire implique davantage de pratique. On commence par refaire les exercices qui nous ont semblés compliqués en cours.
- Un manque d'attention demande d'apprendre à se relire. Cela nécessite la pratique de la pause (voir pouce), des exercices pour améliorer sa concentration (voir auriculaire).

Il est important de se rappeler que les notes ne sont pas des sanctions : une note permet de savoir si on a progressé. Une note est un jugement de valeur porté par un professeur à un instant *t* sur notre capacité à restituer et utiliser des informations. **En aucun cas je ne suis ma copie.**

L'aider à réactiver, c'est-à-dire consolider ce que le jeune a appris le jour même

Si le jeune remet cet effort à un autre jour, une grande partie de ce qu'il aura appris en cours se sera évanouie.

D'autre part, le temps de travail à fournir pour acquérir ces connaissances sera proportionnel au temps que le jeune aura attendu pour l'effectuer.

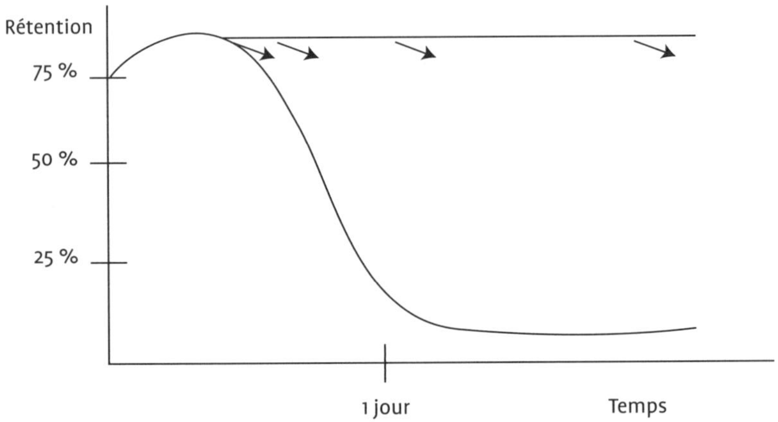

Prenons soin de ce que nous apprenons

C'est statistique : **80 %** des détails de ce que nous avons appris sont oubliés vingt-quatre heures après la fin de l'apprentissage ! Ne laissons pas notre mémoire finir comme ces photos jaunies au fond d'un tiroir ! Ravivons en permanence ces couleurs !

Comment faire ? L'intégration des connaissances dans la durée passe **par des réactivations**.

Ne pas réactiver ses connaissances conduit à l'oubli. La conséquence est souvent un découragement expliquant en grande partie que certaines personnes ne prennent plus de plaisir à apprendre.

La réactivation se pratique selon le profil de compréhension de chacun.

➤ Sans consulter mes notes de cours, j'essaie de me remémorer ce que j'ai appris tout au long de la journée. Selon mon profil de compréhension, **j'établis une fiche, une mind map ou j'utilise la technique du magnétophone.**

- Maintenant, avec mon cours sous les yeux, je complète les informations : de ma fiche, de ma mind map ou de mon enregistrement.
- Enfin, la veille de mon cours, je reprends ma fiche, ma mind map ou mon enregistrement.

Ainsi, toute leçon est au moins apprise deux fois avant la révision du contrôle. Elle est donc très rapide ; il s'agit principalement de se projeter en position de restitution (contrôle, oral, examen), d'imaginer les questions qui pourront m'être posées et de m'assurer que je sais y répondre.

Le but est de m'assurer que je comprends ce que j'apprends. Je dois pouvoir expliquer les points importants du cours de maths ou de physique, je dois reformuler avec mes propres mots une leçon d'histoire, de géographie ou de SVT. Je dois pouvoir réciter par cœur poèmes, théorèmes, définitions, vocabulaire de langue, etc.

Suivant que notre jeune est **visuel, auditif ou kinesthésique,** nous pouvons lui proposer différentes démarches.

Trois profils, trois démarches

Le visuel : au moment de trouver une information acquise, il voit des images. Il a besoin de schémas, de tableaux, de transparents...

L'auditif : au moment de se souvenir, il réentend sa propre voix ou celle du professeur. Il est doté d'une bonne mémoire vive. Il se souvient le soir de ce qu'il a fait.

Le kinesthésique : le plus méconnu ou le plus difficile à cerner. Pour se souvenir, il ressent ce qu'il a vécu et a donc besoin d'avoir expérimenté, fait des exercices, participé à une expérience pour se souvenir de ce qu'il a fait dans la journée. Le soir, il a besoin de refaire un exercice pour le mémoriser.

À nous de nous adapter au profil de notre enfant. Vous êtes auditif et il est visuel. Lui a besoin de vous faire un tableau alors que vous préféreriez qu'il vous raconte ! Ce n'est pas grave si nous ne comprenons rien ! Troquons notre incompréhension contre des éclats de rire !

Je suis un visuel

L'apprentissage direct par couches (de la classe de 6e à la 3e)

(D'après « Comment travailler plus efficacement » d'*Éric Matrullo* et Éric Maurette)

➤ Par écrit, je reconstitue le plan du cours tel qu'il m'a été délivré.

➤ Avec mon cours sous les yeux, je le vérifie, puis je l'apprends suivant cette méthode :

- 1re couche, je lis le plan du cours. J'examine la leçon en ne m'intéressant qu'aux titres des parties ;
- 2e couche, je recommence en lisant aussi les titres des sous-parties.

Pour un cours de science : études des définitions, théorèmes et exemples.

Pour un cours de langues : nouveaux mots, verbes irréguliers, règles de grammaire.

3e couche : je continue pour aller du plus général vers le détail.

Pour un cours de maths : les démonstrations.

Pour un cours de langue : texte du livre.

Pour un cours d'histoire-géo-éco : les illustrations et commentaires du manuel.

Je suis un visuel, un auditif ou un kinesthésique

La technique de la fiche (à partir de la classe de seconde)

Elle permet de structurer ses connaissances.

Idées principales	Idées secondaires	Idées complémentaires

- Prendre une feuille dans le format « paysage » et la diviser en trois colonnes.
- Au fur et à mesure qu'elles nous reviennent en mémoire, classer les informations dans l'une des trois colonnes du tableau selon l'importance que nous leur attribuons

Ne pas hésiter à modifier le plan du professeur : les idées principales ne sont pas forcément le titre des parties du cours, et les idées secondaires ne sont pas forcément le titre des sous-parties. On peut également choisir d'autres idées complémentaires à l'aide de son manuel ou de sources personnelles.

- Avec son cours sous les yeux, vérifier ce qui a été oublié, l'ajouter, réorganiser ses idées si nécessaire.
- Enfin, photographier mentalement sa fiche.

Je suis un auditif

La technique du magnétophone (de la classe de 6e à la 3e, et à partir de la seconde ce qui est à apprendre par cœur)

- Dire avec ses propres mots ce qu'on a retenu de son cours en structurant ses idées.
- S'écouter avec son cours sous les yeux pour discerner ce qui a été oublié.
- Redire dans le magnétophone, cahier fermé, la totalité de sa leçon.

- Vérifier en s'écoutant et en lisant son cours (support utilisé lors de la première lecture).
- Recommencer l'opération autant que nécessaire.

CONSEIL DE PRO

Pour apprendre un schéma ou une carte de géographie, le jeune peut le faire à voix haute « en se le racontant ». Pour ce qui est à apprendre par cœur, l'auditif peut accrocher sa leçon sur un rythme ou un air musical qu'il connaît.

Je suis un kinesthésique

La technique du mind mapping (à partir de la classe de 6e)

La mind map lui permet d'utiliser ses cerveaux gauche et droit. C'est une bonne technique pour lui.

- Prenez un modèle sur Internet de mind map : http://www.creativite.net/mind-mapping-mind-map-tony-buzan-12/
- Faire son propre arbre qui permet de mettre sur les branches principales les idées principales, puis on déploie l'arbre.

CONSEIL DE PRO

Quand le soir nous faisons l'effort de faire revenir à la mémoire ce que nous avons appris durant la journée sans ouvrir aucun document, nous avons beaucoup plus de chances d'y parvenir que vingt-quatre heures plus tard.

Consacrons sept à dix minutes de réactivation par heure de cours. Quelle que soit à l'heure à laquelle nous rentrons, proposons à notre jeune de réactiver une heure de cours. Que se passe-t-il alors ? Il va nous raconter beaucoup de choses de sa journée. Le bénéfice de cette démarche est double : non seulement il réactive ce qu'il a appris mais en plus cette réactivation est un formidable outil de dialogue pour nous, parents !

Les bénéfices de l'auriculaire

Avec l'auriculaire, le jeune a la possibilité de faire de ses objectifs des succès en utilisant les moyens d'organisation correspondant à son profil d'apprentissage

Avec l'auriculaire, le jeune acquiert une plus grande autonomie. Il a les outils pour faire face seul à ses engagements.

Avec l'auriculaire, le jeune gère ses temps en satisfaisant ses valeurs.

Conclusion

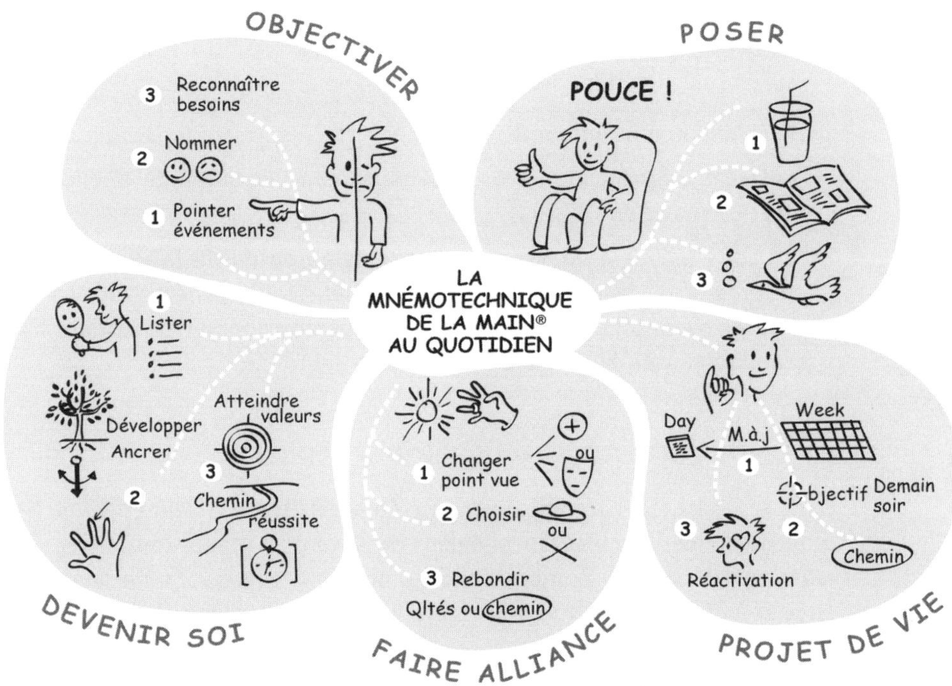

Avec Temp'O Jeunes, le jeune découvre comment concilier la nécessité de voir ses copains, de se faire plaisir avec des activités qui lui correspondent, et celle d'étudier – comment se concentrer, comment fonctionne sa mémoire, etc.

En lui apprenant à utiliser différents outils, prenant en compte la globalité de sa personne, cette méthode d'accompagnement éducatif le guide vers un équilibre de toutes ses compétences pour réussir son travail, ses loisirs, sa vie relationnelle...

En bref, devenir ce qu'il est !

C'est bien en utilisant la mnémotechnique de la main® quotidiennement que nous renforcerons les trois piliers de la réussite que sont la motivation, la confiance en soi et l'autonomie.

C'est une méthode pour tous ceux qui s'intéressent au développement du jeune.

Pour les parents

Temp'O Jeunes vous aide vous, parent, concrètement dans votre rôle :

- en accompagnant un de vos enfants, en consultation individuelle, avec un praticien TOJ ;
- en vous aidant à vous approprier **certains outils** de la mnémotechnique de la main® (le chemin de réussite®, la réactivation, l'usage des profils d'apprentissage, la mnémotechnique de la main dans son ensemble...) par des parcours parents.

Et si vous êtes un établissement scolaire ?

Dans le cadre de l'accompagnement éducatif, Temp'O Jeunes vous propose d'aider vos élèves, collégiens et lycéens, à mieux **capitaliser leurs connaissances** (comprendre-mémoriser), à tirer profit de leurs erreurs, à découvrir et utiliser leurs profils d'apprentissage.

Nous cherchons, avec la mnémotechnique de la main®, à **mettre l'adolescent en situation de comprendre et de résoudre** au fur et à mesure ses difficultés ; lui sont proposés des outils simples, une écoute attentive et un temps pour s'exprimer afin qu'il parvienne à orienter son projet personnel.

Les enseignants formés profitent également de la méthode TOJ® pour **adapter leurs comportements** aux profils d'apprentissage des élèves et **soutenir la motivation** des jeunes avec lesquels ils travaillent.

Et encore si vous êtes un professionnel de la santé ou de l'éducation ?

Vous pouvez vous former à la méthode TOJ® pour l'exploiter lors de vos consultations ou de votre pratique éducative.

Vous pouvez vous informer sur notre savoir-être et savoir-faire et devenir partenaire.

Contact

www.tempojeunes.fr

Foire aux questions

➤ **Peut-on rendre un kinesthésique plus auditif ? Peut-on le faire changer un peu ?**

Il n'y a pas de type de compréhension plus favorable qu'un autre. Les trois types de compréhension – visuelle, auditive et kinesthésique – peuvent être développés par la vue, l'ouïe et le toucher. Votre enfant pourra apprendre sur une musique ou/et le faire en marchant dans la pièce.

➤ **Ce planning hebdomadaire, je le trouve barbare. Ça m'a surpris. Faut-il vraiment les cadrer, les guider ?**

C'est à nous, parents, de proposer à notre enfant le planning comme facteur de liberté pour avoir plus de temps libre et profiter de davantage d'activités plaisantes. Malgré son apparence rébarbative, c'est un outil dont les jeunes à la nature « artiste » peuvent s'emparer pour servir leur valeur « esthétique ». Il permet de renforcer les trois piliers de la réussite que sont la confiance en soi, la motivation et l'autonomie.

➤ **Comment s'y prendre avec un enfant qui aime beaucoup la liberté et qui a décidé de gérer son temps tout seul ?**

Ce type d'enfant doit trouver dans son planning hebdomadaire des plages vides d'activité où lui seul saura choisir ce qu'il souhaite en faire.

➤ **N'est-ce pas dangereux de définir un profil qui pourrait s'avérer conjoncturel ? Ne peut-il pas évoluer dans le temps ?**

Nous sommes un cocktail de huit natures. Les forces et les freins de chaque nature se contrebalancent pour chacun d'entre nous. Toutefois, nos natures dominantes resteront sans doute présentes à vie.

➤ **Si mon jeune est dominé par la passion du sport, comment le rééquilibrer ?**

Je ne connais pas votre fils mais je suppose qu'il peut avoir comme nature dominante la nature « entreprenant », « insoumis » et moins fortement « investigateur » ou « artiste ». À ces natures sont corrélées les valeurs de réussite, d'énergie, de volonté… Peut-être demain votre enfant trouvera-t-il d'autres moyens de servir ses natures et ses valeurs.

➤ **Comment aider un perfectionniste à se limiter dans le temps ?**

Il faut l'aider à se fixer un objectif quantifiable et reprendre les étapes du chemin de réussite.

Par exemple, j'ai 12 de moyenne générale, je veux 14… Je me demande alors quel est le temps de travail nécessaire pour atteindre mon objectif. C'est cette manière de procéder qui fera toute la différence car si je me contente de me dire que je veux « très bien réussir », je ne sais pas où m'arrêter. Un objectif qui n'est pas atteignable ou trop vague n'est pas un objectif MALIN.

Peut-être aussi que si votre perfectionniste se fixe de tels objectifs, ce n'est pas seulement en vertu de sa nature mais aussi parce qu'il a du temps à tuer. Dans ce cas, vous pouvez lui permettre de mettre en pratique son côté minutieux, soigneux en lui proposant d'autres tâches.

➤ **Que faire avec nos jeunes qui rentrent d'un voyage à l'étranger et qui se disent que le système éducatif français n'est pas épanouissant ?**

Si nous vivons en France, nous avons la possibilité et la chance de pouvoir faire d'autres choix que celui du système traditionnel. Mais l'éducation française a aussi ses avantages. Un Anglais, à l'âge du bac, n'a étudié que quatre matières, selon son choix. Notre système, lui, d'un éventail bien plus large, amène le jeune à une plus grande ouverture sur le monde.

➤ Qu'est-ce qu'on peut faire face à un enfant qui systématiquement rejette les consignes ?

Peut-être donne-t-on trop tard ces consignes ? L'enfant est déjà lancé, et il vit cela comme un manque de respect de lui-même. Il a déjà envisagé la manière dont il allait s'y prendre.

C'est souvent le cas du perfectionniste. Soit on lui donne les consignes bien en amont, soit on y renonce.

Bibliographie

Christophe ANDRÉ, *L'estime de soi*, Odile Jacob, 2008.

Fabienne AZIRE et Patrice HUERRE, *Faut-il plaindre les bons élèves ?* Hachette, 2005.

Richard BANDLER et John GRINDER, *Les secrets de la communication*, Éditions de l'homme, 2005.

Denise BARBEAU, *La motivation scolaire.*

Lionel BELLENGER, *La Confiance en Soi*, ESF, 2012.

Tony BUZAN, *Une tête bien faite*, Eyrolles, 2011.

Sophie COTE et Dr Ladislas KISS, *L'épanouissement de l'enfant doué*, Albin Michel, 2009.

Fanita ENGLISH, *S'épanouir tout au long de sa vie, voyage au cœur de l'analyse transactionnelle*, InterÉditions, 2010.

Isabelle FILLIOZAT, *Fais-toi confiance !*, Marabout, 2007.

Mireille FRONTY, *Comment motiver votre enfant à l'école du CP à la troisième*, Leduc S. Éditions, 2007.

Antoine de LA GARANDERIE, *Les profils d'apprentissage.*

Antoine de LA GARANDERIE et Daniel ARQUIE, *Réussir, ça s'apprend*, Bayard, 1994.

Christiane LARABI, *Aidez votre ado à avoir confiance en lui*, InterÉditions, 2011.

Michelle LARIVEY, *La puissance des émotions*, Pocket, 2011.

Éric MATRULLO et Éric MAURETTE, *Comment travailler plus efficacement*, Nathan, 2007.

Jean-François MICHEL, *Les 7 profils d'apprentissage*, Éditions d'Organisations, 2005.

Janine OVER de LINDEN et Pascale MARMARA, *Orientation – Aidons les jeunes à construire leur avenir*, Diateino, 2008.

Carl ROGERS, *Le développement de la personne*, Dunod, 2005.

Jérôme SALTET et André GIORDAN, Coach College : *90 fiches pratiques pour un collège sans stress*, Play Bac, 2006.

Jeanne SIAUD-FACCHIN, *L'enfant surdoué*, Odile Jacob, 2012.

Table des matières

PEFC

Imprimé en France. - JOUVE, 1, rue du Docteur Sauvé, 53100 MAYENNE
N° 883019H. - Dépôt légal : avril 2012